Rudi Lissau
Rudolf Steiner – persönlich, unpersönlich

Rudi Lissau

RUDOLF STEINER – PERSÖNLICH, UNPERSÖNLICH

Eine Herausforderung

Verlag am Goetheanum

© Copyright 1991 by Philosophisch-Anthroposophischer Verlag am
Goetheanum, CH-4143 Dornach.
Alle Rechte vorbehalten.
Satz: Utesch Satztechnik GmbH, Hamburg
Drucken und Binden: Freiburger Graphische Betriebe
ISBN 3-7235-0596-1

Inhalt

Einleitung	7
Rudolf Steiners persönliche Intentionen	9
Der Lehrer	14
Der Lehrer der Freiheit	18
Eine Frage und eine Antwort	24
Ein neuer Ansatz	25
Einige konkrete Beispiele	28
Soziale Neugestaltung und das Fünfte Evangelium	31
Die geschichtliche Wirklichkeit	33
Vorläufige Zusammenfassung	35
Rudolf Steiners Forschungsweise	36
Raum und Zeit	38
Ein weiterer Blick auf Steiners Forschungsweise	39
Die Vorträge	43
Der sprachliche Ausdruck	47
Eine weitere Zusammenfassung	51
Ein Blick auf die Gegenwart	53
Einige Vorschläge	55
Eine mögliche Zukunft	57
Rückblick	64
Anmerkungen	67

Einleitung

Diese kleine Schrift ist eine Neufassung von sieben Artikeln, die 1987 unter dem Titel «In Search of Rudolf Steiner» in «Anthroposophy Today» erschienen sind. Es wurde mir nahegelegt, sie ins Deutsche übersetzen zu lassen. Jedoch zeigte es sich, daß das unmöglich war. Der lockere Stil des Originals hätte im Deutschen eine andere Wirkung erzeugt. So mußte ich mich entschließen, die sieben Artikel umzuarbeiten und auch an einigen Stellen zu erweitern. Dabei wurden zwei Ziele verfolgt: Eine Studie von Rudof Steiners Intentionen, seiner Forschungsmethode, dem Wesen seiner Vorträge und seinem Verhältnis zur Anthroposophischen Gesellschaft bildet die Grundlage dieser Schrift, die dann die Frage aufwirft, wie man heute Rudolf Steiner vor der Welt vertreten könnte. Diese Frage ist im nichtdeutschen Sprachraum von sehr großer Bedeutung, mag aber auch für die Ursprungsländer der Anthroposophie ihre Bedeutung haben.

Auf keinen Fall möchten diese Ausführungen dogmatisch wirken. Sie möchten eine Herausforderung an das eigene Denken des Lesers sein. Ein Baum, so sagt uns Rudolf Steiner des öfteren, kann von zwölf verschiedenen Seiten fotografiert werden, und jede wird gleich «wahr» sein. Zwölf verschiedene Weltanschauungen sind gleichermaßen berechtigt. Die Wahrheit ist nicht etwas, das ein für alle Male feststeht, sie entsteht in einer Intuition, die ein einzelner in einer einmaligen karmischen Situation hat. In diesem Augenblick erfährt er eine geistige Kommunion. In dem ungeheuren Weltall, abgrundtief, ehrfurchtgebietend und geheimnisvoll, in dem wir uns befinden, beruht Wahrheit auf Beziehungen. Niemand von uns «besitzt die Wahrheit», wie man einen Gegenstand besitzt, der einen gewissen Marktwert hat; wir alle sind auf dem Weg zu ihr.

So erhebt also der Verfasser mit dem, was nun folgt, keinen Anspruch, endlich die Wahrheit über Rudolf Steiner gefunden zu haben, trotzdem ist er sich aber bewußt, daß seine Ausführungen Relevanz besitzen. Als er vor mehreren Jahren Sergej Prokofieffs großes Werk über Rudolf Steiner las, war er zutiefst beeindruckt. Er wäre aber nicht imstande gewesen zu sagen, ob, was er gelesen hatte, «wahr» ist. Wenn er seiner Dankbarkeit und Bewunderung für dieses Werk Ausdruck gab, mußte er hinzufügen, daß seine eigene Beziehung zu Steiner auf einer anderen Ebene lag. So ist es ihm auch klar, daß so mancher Leser dieser Gedanken ebenso über seine Arbeit denkt, wie er über die von Prokofieff. Er hat aber die Hoffnung, daß einige sagen werden: «das kommt dem sehr nahe, was ich selber erlebe», während andere sich vielleicht aufgerufen fühlen, manches von neuem zu überdenken.

Der Verfasser legt in diesen Seiten ein Zeugnis ab, das durch Erlebnisse eines langen Lebens – vielleicht auch durch vorgeburtliche Erfahrungen – geprägt ist. Er hat nie die Anthroposophie «gefunden», er ist mit ihr geboren worden und in ihrer Atmosphäre aufgewachsen. Schon im frühen Kindesalter hatte er die dumpfe Empfindung, «Anthroposophie ja, aber nicht so». Heute weiß er, daß er sich damals gegen das theosophische Gebaren aufgelehnt hat, das er heute noch in manchen unserer traditionellen Verhaltensweisen spüren kann. Trotzdem wurde er schon mit achtzehn Jahren Mitglied der Gesellschaft, deren tragische Geschichte er miterlitten und die zu lieben er gelernt hat.

Rudolf Steiners persönliche Intentionen

Es ist erschütternd zu entdecken, wie Steiner seine Tätigkeit nach außen aus tiefsten karmischen Einsichten bewußt geformt und fast sein ganzes Leben lang seine eigenen Intentionen in den Hintergrund gestellt hat. Doch kann man einige von ihnen durch seine eigenen Zeugnisse und seine eigenen Aktivitäten erkennen. Wir können heute das sogenannte Haager Gespräch nachlesen, das Walter Johannes Stein im Frühjahr 1922 mit Steiner gehabt hat.[1] Darin machte Steiner es ganz klar, daß er «unter Zurückstellung seiner eigenen Mission» eine Aufgabe übernommen hat, die eigentlich von Karl Julius Schröer hätte getan werden sollen: die Herausgabe der «Naturwissenschaftlichen Schriften» Goethes. Durch diese Tat, erklärt Steiner, habe er das Wesen der Freiheit voll erlebt. Und als dann Stein weiter fragt, was denn Steiners eigentliche Aufgabe gewesen wäre, antwortet er: die Erforschung des individuellen Karma.

Die Erschütterung steigert sich noch, wenn man liest, wie nicht ganz zwei Jahre später Steiner im letzten Karmavortrag vom 23. September 1924 in Dornach, also in der Woche vor dem Ausbruch seiner Todeskrankheit, über das tragische Versagen Schröers spricht. Kein Wort der Klage oder des Vorwurfs, im Gegenteil, der Ton wird leicht, österreichisch, wenn er andeutet, daß Schröer auch die Grundlagen der Anthroposophie hätte legen sollen. Im persönlichen Gespräch mit Stein, das dieser sofort niederschrieb, hatte sich Steiner viel konkreter ausgesprochen.

Zwei Tatsachen werden klar: Die erste Intention Steiners ist die praktische Karmaforschung, also das konkrete Erfassen des Karma einzelner Menschen, Fallstudien könnte man es nennen. Zweitens erkennt man das gewaltige Opfer der Weimarer Jahre, das die Briefe an seine Wiener Freunde nur zum Teil aufdecken, wenn er sich über seine pedantischen Kollegen oder den verzopften Hof des Herzogs äußert.

Jetzt können wir auch fragen, welche anderen Intentionen Steiner in sich trug. Da finden sich zwei, die sich in seinem Werk von seiner Wiener Studentenzeit bis zur Weihnachtstagung feststellen lassen: die Freiheitsphilosophie und die soziale Erneuerung. Diesen Intentionen gab er in seinen Wiener und Berliner Jahren Ausdruck, in denen er weder durch seine Beziehung zu Schröer noch durch seine Arbeit mit den deutschen Theosophen in seinem Handeln eingeschränkt war. Das Prinzip der moralischen Autonomie des einzelnen wurde schon in Wien mit Rosa Mayreder besprochen und ist das Hauptthema seiner Weimarer Briefe an diese Frau. Schon als junger Student behandelte er soziale Fragen und suchte nach neuen Wegen. In Berlin exponierte er sich als Herausgeber des «Magazins für Literatur» so sehr, daß er bald seine Leserschaft verlor. In seinen Briefen an John Henry Mackay hatte er sich einen individualistischen Anarchisten genannt, in weiter Distanz zu jenen, die er Anarchisten der Tat nannte.

Diese Intentionen treten aber nur vorsichtig in Erscheinung, als Steiner Lehrer der Theosophen wurde. Er erwähnte seine «Philosophie der Freiheit» nur am Rande und ließ mehr als zwanzig Jahre vergehen, bevor er eine zweite Auflage herausbrachte. In seinen drei Aufsätzen über «Theosophie und soziale Frage»[2] tastete er vorsichtig das soziale Gewissen der Theosophen ab und ließ sein Unterfangen sofort fallen, als er deren Reaktion gewahr wurde. Die Zeitereignisse bewogen ihn, sich später wieder mit sozialen Fragen zu beschäftigen. Aber zwischen 1917 und 1921 fanden sich nicht viele, die mit Überzeugung und Enthusiasmus ihm in diese Gebiete folgten.

Noch weniger Erfolg hatte er mit seiner zentralsten Intention, der praktischen Karmaforschung. Mit der Begründung der deutschen Sektion der Theosophischen Gesellschaft kam es zu einem ersten Vortrag über praktische Karmaübungen. Wir besitzen keine Notizen von diesem Vortrag, aber der Empfang war so, daß der Versuch sofort abgeblasen wurde. Wir werden später sehen, welche Folgen dieses Scheitern hatte. Ein zweiter Versuch wurde im Zyklus «Okkulte Geschichte» unternommen, aber wieder fühlte Steiner, daß er innerem Widerstand begegnete.

Zu diesen drei persönlichen Intentionen Rudolf Steiners, der Untersuchung des individuellen Karma, der moralischen Autonomie, die menschliche Freiheit voraussetzt, und der sozialen Erneuerung, kam später noch ein viertes Gebiet hinzu, mit dem er zutiefst verbunden war. In diesem Fall wurden seine Intentionen von den Theosophen, die im ersten Jahrzehnt unseres Jahrhunderts den Weg zu ihm gefunden hatten, mit größter Dankbarkeit und Freude aufgenommen. Es ist das seine Christusbotschaft. Wir wollen hier das Wort «Christologie» vermeiden und statt dessen den Ausdruck verwenden, den Steiner selber für einen Teil seiner Aussagen über den Christus benützte: das Fünfte Evangelium. Ein Berliner Vortrag vom 6. Januar 1914 weist darauf hin, daß mit dem Ausdruck «Fünftes Evangelium» mehr gemeint ist als die Vorträge, die diesen Titel führen:

«Ich will diese Tatsachen darstellen und rein für sich geben, wie sie sich aus dem heraus, was wir die Akasha-Chronik nennen, finden lassen, und jeder kann sich dabei denken, was er mag. Es ist dieses gerade jetzt wichtig, weil dieses Fünfte Evangelium vielleicht doch immer mehr ausführlich kommen mag und weil durch jede theoretische Interpretation das, was es geben will, nur gestört werden könnte.»[3]

Obwohl natürlich die Endung «-logie» mit dem Wort «Logos» verwandt ist, verbinden Menschen unserer Zeit diese Endung hauptsächlich mit akademischen Wissenschaften, mit den Gesetzen der Logik, mit Ursache und Wirkung, mit der Welt des Vaters. Aber in dem Berliner Vortrag vom 25. Januar 1916 sagt Steiner ausdrücklich, daß das Mysterium von Golgatha seine ganze Bedeutung für uns als die größte Freiheitstat der Erdenentwicklung verlieren würde, wenn wir es durch Tatsachen oder durch Logik beweisen könnten.[4] In diesem Licht hat auch der oben zitierte Absatz noch eine weitere Bedeutung. Nichts wird erklärt, Tatsachen werden geschildert. «...jeder kann sich dabei denken, was er mag.» Wir befinden uns im Reich der Freiheit und nicht in dem der Logik.

Im selben Jahr wird er im katholischen Wien noch deutlicher. Im Zyklus «Inneres Wesen des Menschen und Leben zwischen Tod und neuer Geburt» sagt er am 12. April 1914:

«Um zum Christus zu kommen, ist notwendig, daß man zu der philosophischen Wahrheit die Glaubenswahrheit hinzufügt, oder – weil die Zeit des Glaubens immer mehr und mehr abnimmt – die andere Wahrheit hinzunimmt, die durch hellseherische Forschung kommt, die sich als eine freie Tat ebenfalls erst in der menschlichen Seele entwikkeln muß.

Daher muß man sagen: So wie man aus der Anordnung der Naturvorgänge beweist, daß es einen Gott überhaupt gibt, so kann man niemals äußerlich an der Kette von Ursachen und Wirkungen beweisen, daß es einen Christus gibt. Der Christus ist dagewesen und kann an den Menschenseelen vorbeigehen, wenn sie nicht aus sich selber heraus die Kraft empfinden, zu sagen: Ja, das ist der Christus. Es gehört ein aktives Sich-Aufraffen zum Wahrheitsimpuls dazu, um in dem, der da war als der Christus, den

Christus zu erkennen. Zu den anderen Wahrheiten, die im Bereich des Vatergottes liegen, können wir gezwungen werden, wenn wir uns überhaupt nur in das Denken begeben und es konsequent anwenden, denn Materialist sein, heißt zu gleicher Zeit unlogisch sein... Niemals aber können wir in der gleichen Art durch bloße Philosophie dahin gebracht werden, den Christus anzuerkennen. Das muß unsere freie Tat sein. Da ist dann nur zweierlei möglich: entweder man zieht die letzte Konsequenz des Glaubens, oder man macht den Anfang mit der Erforschung der geistigen Welt mit Geisteswissenschaft.»[5]

Am Ende des sechsundzwanzigsten Kapitels in «Mein Lebensgang» erwähnt Rudolf Steiner in wenigen Worten ein ehrfurchtsgebietendes Erlebnis von ungeheurer Dimension: In einer gewaltigen «Erkenntnis-Feier» stand er vor dem Mysterium von Golgatha. Tiefe Fragen erheben sich in dem Leser dieser wenigen Worte: Ist das ein einmaliges Erlebnis, oder erstreckt es sich über eine längere Zeit? Hat dieses Erlebnis mit einer Schau des Pfingstereignisses begonnen, wie sie im Zyklus «Das Fünfte Evangelium» beschrieben ist? Wenn man einige der negativen Äußerungen Rudolf Steiners über Christentum und Religion aus den Weimarer und Berliner Jahren kennt, sollte man annehmen, daß diese «Erkenntnis-Feier» eine ungeheure Überraschung für Steiner war. Christoph Lindenberg, der an einer großen Biographie Steiners arbeitet, glaubt, daß sich dieses Erlebnis über Jahre hin erstreckte. Jedenfalls füllen die Früchte dieser «Erkenntnis-Feier» einen bedeutenden Teil von Steiners Arbeit in den ersten vierzehn Jahren unseres Jahrhunderts aus. Wie zentral sein Interesse an dem Christusgeschehen und seinem Wirken schon am Anfang seiner Tätigkeit als Geisteslehrer war, zeigt sich in den beiden ersten großen Kursen, die Steiner den Berliner Theosophen gab. Wir kennen sie aus den zwei Büchern

«Die Mystik im Aufgange des neuzeitlichen Geisteslebens» und «Das Christentum als mystische Tatsache». Sogar im Giordano-Bruno-Bund nahm Steiners Werk einen neuen, mehr christlichen Ton an, der dort aber bald auf Widerstand stieß.

So finden wir hier eine vierte Intention Steiners, die er zur Wirkung bringen wollte. Der Verfasser ist überzeugt, daß diese Intention im Willen, dem Unterbewußten Steiners zutiefst verankert war. Was waren denn die Weimarer Jahre, wenn sie nicht eine ganz freie, also christliche Opfertat waren? Und in seinem letzten Lebensjahr, als Steiner mit vorher ungewohnter Deutlichkeit sprach, sagte er am 14. August 1924 in Torquay, daß Aristoteles und Alexander in unbrechbarer Treue zu Michael standen, «daß die neue Michael-Herrschaft ein nicht nur tief begründetes, sondern auch ein intensives Christentum bringen sollte»[6].

Der Lehrer

Wahrscheinlich ist es für viele Anthroposophen selbstverständlich, an Rudolf Steiner in erster Linie als den großen Geisteslehrer zu denken. Er enthüllt geistige Realitäten in konkreten Einzelheiten, aber auch in großen Zügen. So ist es ein Schock, daß das für Rudolf Steiner nicht so unbedingt gegolten hat. 1902 traten die Berliner Theosophen an die Leiter der Theosophischen Gesellschaft mit der Bitte heran, eine deutsche Sektion unter der Führung Rudolf Steiners gründen zu dürfen. Steiner wurde nach London eingeladen, so daß Annie Besant und ihre Kollegen den voraussichtlichen Generalsekretär kennenlernen konnten. Man neigt dazu, sich Steiner, damals einundvierzig Jahre alt, vorzustellen etwa mit dem Gefühl: Jetzt endlich ist meine Stunde gekommen und ich kann ganz frei und offen mit meiner Lehrtätigkeit, der wahren Mission meines Lebens, beginnen. Natürlich können wir nicht wissen, was Steiner tatsächlich gefühlt hat. Aber wie Hagen Biesantz einmal erzählte, hörte Steiner kurz vor seiner Abreise nach London, daß der Posten des Feuilletonredakteurs der Neuen Freien Presse, damals die einflußreichste Zeitung Österreichs, neu besetzt werden sollte, und – er bewarb sich um diesen Posten: Ein vorsichtiges Abtasten der karmischen Situation in der Überzeugung, daß seines Lebens Außenwerk sich in mehr als einer Wirkenssphäre abspielen könnte.

Können wir uns vorstellen, daß Steiner, daß irgendein wahrer Okkultist hätte schweigen können, wenn niemand ihn gefragt hätte? Der Verfasser würde diese Frage mit ja beantworten. Im dritten Band von Elias Canettis Autobiographie wird ein Mann beschrieben, der in den dreißiger Jahren in Wien lebte. Er heißt Dr. Sonne – ein wahrer Name oder eine Andeutung? Sein Benehmen verrät den tiefblickenden Okkultisten, weise, unendlich gütig, bedächtig, der jede Frage beantwortet, die an ihn gerichtet ist, der aber nicht ein einziges Wort mehr sagt, als zu einer klaren Antwort notwendig ist. Doch es gibt nur einen Fragenden, Elias Canetti, und seine Fragen betreffen nur ein ganz beschränktes Gebiet.

Rudolf Steiner wurde von Marie von Sivers direkt auf eine seiner wesentlichsten Intentionen hin angesprochen: auf eine christliche und westliche Form der Esoterik von gleicher Wertigkeit wie die Weisheit des Ostens.

Dieselbe Vorsicht und karmische Verantwortlichkeit, die wir vor der Reise nach London bemerkt haben, zeigt sich auch – fast immer – in der Art, wie Rudolf Steiner seine Lehrtätigkeit handhabte. Wie Paulus war er alles für alle Menschen. Würde man heute beispielsweise seine Ansprache in Berlin vom 2. Mai 1904 zum Weißen Lotustag vorlesen, so ist es zweifelhaft, ob viele Hörer den Vortragenden mit dem ihnen bekannten Rudolf Steiner identifizieren würden. Seine Botschaft wie auch die Sprache, in die sie gekleidet ist, ist von 1902 bis 1925 in ständiger Entwicklung. Worüber er spricht und wie er spricht, hängt, wie wir schon gesehen haben, nur selten von seinen persönlichen Intentionen ab. Viel entscheidender für ihn sind die Forderungen der Zeit und die Erwartungen seiner Zuhörer. Er selbst macht uns klar, daß er in Oslo 1913 über Dinge sprechen muß, die aus den inneren Bedingungen der Zeit, der Grundsteinlegung des ersten Goetheanum, hervorgehen. Der einfühlende Leser wird auch empfinden, wie beispielsweise die Vorträge über «Christus und die menschliche Seele» für eine einzigartige Gruppe von Menschen, die sich in Norrköping zusammengefunden haben, gehalten worden sind.

Aber, was uns in Norrköping sofort auffällt, Rudolf Steiners Einstimmung auf eine besondere Menschengruppe, gilt auch in viel größerem Maße. Als Beispiel einer mittleren Größenordnung könnte man die Zürcher Vorträge nehmen, auf Landesebene die vielen Vorträge in England und Wales. Wenn man die hundertzwanzig Vorträge vor einer britischen Zuhörerschaft in chronologischer Folge studiert, ist man überrascht von der Einheitlichkeit der Stimmung, in der Steiner den dortigen Freunden begegnet. Im Vergleich mit den Vorträgen für eine deutsche Zuhörerschaft sind sie direkter, das heißt, sie enthalten weniger intellektuelles Rüstzeug, oft sind sie tief esoterisch – der Höhepunkt hier ist wohl der Vortrag am Abend der Gründung der Anthroposophical Society in Great Britain im November 1923, der den Charakter einer Klassenstunde trägt und am Ende in einem mantrischen Spruch zusammengefaßt wird. Die Vorträge handeln vorwiegend von Christus, von Michael, von der inneren Entwicklung des Menschen, dem Pfad, und von Fragen des tatsächlichen okkulten Lebens des Landes. Interessant ist auch die Tatsache, daß Steiner uns gewöhnlich zeigt, wie die okkulte Entwicklung mit der Pflege des Denkens beginnt. Aber schon im ersten Vortrag zu den britischen Freunden, die aus der Theosophischen Gesellschaft ausgetreten waren und eine Anthroposophische Gesellschaft gegründet hatten, spricht er am 1. Mai 1913 in London über drei Wege zum Geist, den über das Denken, den über das Fühlen und den über den Willen. Natürlich wird man sich fragen, warum er auf der Insel anders als auf dem Kontinent spricht, und die erste Antwort des Verfassers war: er weiß eben, daß in England das Denken nicht so entwickelt ist wie unter den Deutschen. Heute aber neigt er zu einer anderen Erklärung, wie diese Studie noch zeigen wird.

Vielleicht könnte man die Vorträge vor britischen Hörern als selbstverständlich esoterisch bezeichnen. Dagegen könnte man die Vorträge in Österreich vor allem durch ihre Herzinnigkeit charakterisieren. Auch hier scheint das erkenntnismäßige, philosophische und wissenschaftliche Element mehr im Hintergrund zu stehen.

Wenn wir jetzt eine vorläufige Zusammenfassung versuchen – Rudolf Steiners Vorträge haben einen ganz verschiedenen Charakter, sie unterscheiden sich voneinander sowohl aus Gründen seiner inneren Biographie wie aus den Zeitverhältnissen heraus und der Seelenkonfiguration seiner Zuhörer –, so ergeben sich sofort neue Fragen: gibt es eine Form der Anthroposophie, die ganz aus dem Wesen Rudolf Steiners und seinen Intentionen entspringt? Warum spricht er nicht ganz selbstverständlich, wie auch andere Geisteslehrer gesprochen haben, in der ihm gemäßen Weise? Warum bewegen sich seine Vorträge auf so ganz verschiedenen Gefühlsebenen?

Der Lehrer der Freiheit

Es gibt Stellen in seinen Vorträgen, in denen Steiner uns erlaubt, etwas von seiner Motivation zu erfahren. Sie sind überraschend und ergreifend. Eine solche Stelle findet sich im sogenannten Hüllenzyklus. Da sagt er im siebenten Vortrag am 26. März 1913 in Den Haag: *«Das Verderblichste ist aber, wenn auf dem Felde des Okkultismus die stärkeren Persönlichkeiten noch irgendwie nach Macht für ihre persönlichen Interessen und persönlichen Intentionen streben. Berechtigt, auf okkultem Felde zu wirken, sind eigentlich nur diejenigen Persönlichkeiten, die vollständig darauf verzichten, irgendwelchen persönlichen Einfluß zu haben, und das größte Ideal desjenigen Okkultisten, der etwas Berechtigtes erreichen soll, ist, durch seine Persönlichkeit gar nichts erreichen zu wollen; das, wofür er persönliche Sympathien oder Antipathien hat, möglichst von alledem auszuschalten, was er wirken will. Wer daher Sympathien oder Antipathien für dieses oder jenes hat und okkult wirken will, der muß diese Sympathien und Antipathien sorgfältig sozusagen für sein allerprivatestes Feld nur zusammentragen und auf seinem allerprivatesten Feld gelten lassen; er darf jedenfalls auf dem Boden, auf dem eine okkulte Bewegung blühen soll, nichts von diesen persönlichen Antipathien und Sympathien selber hegen und pflegen. Und so paradox es eigentlich klingt, so kann man doch sagen: Das Gleichgültigste für den okkulten Lehrer ist eigentlich für ihn seine Lehre, das Allergleichgültigste die Lehre, die er ja schließlich wirklich nur nach seinen Talenten und Temperamenten geben kann. Sie wird nur eine Bedeutung haben, wenn ihm an der Lehre als solcher nicht eigentlich irgendwie persönlich etwas liegt, sondern lediglich so viel liegt, als diese Lehre Seelen helfen kann.»*[7]

Hier wird es ganz klar, daß Steiner kein Prophet war wie etwa Mohammed, den es immer drängte, sofort seine Visionen den Gläubigen mitzuteilen. Aus dem unabsehbaren Reichtum seiner Einsichten wählt Steiner das aus, was für einen besonderen Menschen oder für eine Menschengruppe in einer einmaligen Situation hilfreich oder tröstend sein kann. Ein weiterer Einblick wird uns im Stuttgarter Vortrag vom 13. Februar 1915 gegeben. Da spricht Steiner über die Tatsache, daß er sich während der vergangenen Monate in seinen Vorträgen für die deutschen Mitglieder oft auf die schicksalstragenden Ereignisse der Zeit bezogen hatte. Menschen aus anderen Volksgemeinschaften hatten ihn darauf angesprochen, ob er ihnen nicht auch über diese Probleme Aufklärungen geben könnte. Da sagt er dann:

«Oftmals war das gefordert unter der gutgemeinten Voraussetzung, daß die Wahrheit für alle Menschen selbstverständlich die gleiche sei und daß solch ein Hintragen desjenigen, was an einem Orte gesprochen wird, zum anderen Orte, ohne weiteres zur Aufklärung der Wahrheit in unserer schwierigen Zeit dienen könne. Es ist ja innerhalb unserer Geistesströmung Mode geworden, alles, was gesprochen wird, auch dasjenige, was gesprochen wird aus dem unmittelbaren Impuls nicht nur der Zeit, sondern auch des Ortes und der Menschen heraus, zu denen es gesprochen wird, aufzuschreiben und nun den Glauben zu haben, daß das jedem in der gleichen Weise dienen müsse, weil man die

theoretische Voraussetzung macht, die Wahrheit könne nur auf eine einzige Weise formuliert werden. Nun, meine lieben Freunde, es würde sich jener Unfug, der darin besteht, daß man in ungenauer Weise das gesprochene Wort nachschreibt und glaubt, daß es noch immer den Inhalt habe, wenn es nun als nachgeschriebenes Wort da oder dort vorgelesen werde oder wiedergesprochen werde, es würde sich dieser Unfug ins Ungeheuerliche auswachsen, wenn man das glauben könnte, was eben angedeutet worden ist.

Zu Ihnen, meine lieben Freunde, mit Ihren Gefühlen hier in Süddeutschland, sind diese Worte gesprochen, mit jener Gefühlsnuance, die diesen Worten hier zukommen muß. Und wenn es genügte, daß diese Worte nun einfach nachgeschrieben werden und überall vorgelesen werden vor Leuten mit anderen Lebenszusammenhängen, dann könnte es ja auch genügen, wenn ich bloß meine Worte aufschriebe, und nicht herumreiste.

Was die äußere rein materielle Wissenschaft tun kann, daß sie alles über einen Leisten schlägt, das kann beim Spirituellen nicht der Fall sein, weil es ein Lebendiges ist, und weil ich zu Ihnen so sprechen muß, wie es von mir nicht ein abstrakter wissenschaftlicher Geist fordert, sondern wie es sich in mir belebt, indem ich gerade vor Ihnen stehe. Denn nicht aus meinem Herzen, aus Ihrem Herzen heraus tue ich es, so gut ich es kann. Und dienen möchte ich dem geisteswissenschaftlichen Impuls, der denjenigen, welcher in die geistige Welt etwas hinaufschauen kann, anweist, sich auszuschalten, und auszusprechen, was in den Tiefen der Seelen derjenigen liegt, die ihm zuhören. In gewissem Sinne darf gesagt werden: Was ausgesprochen wird in dieser oder jener Betrachtung, es entspringt aus den Tiefen der Seelen der Zuhörer.»[8]
Dasselbe Bestreben drückt er in Dornach am 19. Januar 1924, also kurz nach der Weihnachtstagung, ganz objektiv

und in Kurzform aus: «...darum handelt es sich,...dasjenige in Worte zu bringen, was die Menschenseelen durch sich selber sprechen.»[9]

So spricht Steiner aus den Herzen seiner Zuhörer und stellt sehr oft seine eigenen Intentionen zurück. Immer wieder nimmt er als sein «Rohmaterial» den Seeleninhalt seiner Zuhörer und verwandelt ihn sacht. Als im Ersten Weltkrieg Steiners Zuhörer stolzerfüllt von ihrem Kaiser und seinen siegreichen Generälen waren, sagte Steiner ihnen nicht, sie sollten nicht so nationalistisch sein, sondern zeigte ihnen, wie schön es ist, Deutscher zu sein und derselben Kultur wie Goethe und Novalis anzugehören. Ein anderes Beispiel gibt uns Rittelmeyer aus den letzten Kriegsjahren. Er ist uneins mit seiner Gemeinde, weil er die Engländer nicht hassen kann. Steiner erklärt ihm, daß es sinnlos wäre, diesen Menschen Feindesliebe zu predigen, zeigt aber Rittelmeyer, wie er seine Gemeinde wenigstens einen kleinen Schritt weiterbringen könne.

Steiners «Erkenntnisfeier» hat ihn zum christlichsten Christen gemacht. Er gibt. Er spricht zu uns Zöllnern und Sündern, er arbeitet mit – und nicht gegen unsere Unvollkommenheiten, er nährt den Teil in uns, der entwicklungsfähig ist und verwandelt werden kann. Er möchte uns durch Erkenntnis heilen und mit und durch uns die Welt. Er ist der Lehrer der Freiheit, der wahre Jünger Christi.

Für unsere eigenen Studien bedeutet das aber auch: Kann man wirklich aus Steiners Vorträgen zitieren, ohne zuerst zu untersuchen, wann, wo und zu wem diese oder jene Aussage gemacht wurde? Und wie steht es erst mit den Mitteilungen, die einzelnen Menschen zuteil wurden? Da braucht es viel Wissen, Einfühlungsvermögen und Liebe, um auf den Grund von Steiners Aussagen zu kommen.

Selbstverständlich wäre es falsch, nur auf die Umstände

dieser Aussagen zu blicken. Trotzdem ist es auch wichtig zu sehen, daß sogar die Bücher Steiners, zumindest einige von ihnen, in soziale und persönliche Beziehungen eingebettet sind. Im August 1922 sprach Steiner zum letztenmal über die soziale Dreigliederung. Er war in Oxford, und rückschauend zog er die Bilanz der Dreigliederungsbewegung. In den Vorträgen vom 28. und 29. August kommt er viermal auf die «Kernpunkte» zurück. Er betont, daß dieses Buch für eine einmalige Situation im Südwesten Deutschlands geschrieben wurde, daß er für die Schweiz und England die Probleme ganz anders behandelt habe und daß das Buch nicht verstanden wurde, weil man es als eine Utopie angesehen hat, also als eine ideale und einmalige Vorschrift, wie die menschliche Gesellschaft zu verwandeln sei. Ein anderes Beispiel: «Wie erlangt man Erkenntnisse der höheren Welten?» wurde für die paar hundert Leser von «Lucifer-Gnosis» geschrieben, von denen Rudolf Steiner viele persönlich kannte. Beide Bücher sind für uns heute von größter Bedeutung. Aber kann man daran zweifeln, daß ihr Ton ganz anders wäre, hätte Steiner sie erst 1991 geschrieben?

Eine Intention in seiner Arbeit mit Theosophen und Anthroposophen ändert sich nicht: Der Lehrer der Freiheit möchte seine Schüler zum Erleben ihrer eigenen Freiheit, zum Erleben ihrer vollen geistigen Potenz aufrufen. Als er mitten in den Vorbesprechungen zur Gründung der deutschen Sektion der Theosophischen Gesellschaft war, schrieb er am 16. August 1902 an Wilhelm Hübbe-Schleiden: «Ich will auf die Kraft bauen, die es mir ermöglicht, ‹Geistesschüler› auf die Bahn der Entwicklung zu bringen.»[10] Das bedeutet, daß sein Hauptziel nicht die «Lehre» war, also die Verbreitung von immer weiteren geistigen Einsichten und Offenbarungen, sondern Menschen zu befreien, sie aus den Grenzen der Maja herauszuführen. In anderen Worten: Er hoffte von Anfang an, eine Gruppe von Menschen um sich zu versammeln, die ihre esoterische Entwicklung ernst nehmen würden. Dieses Ziel hat sich nie geändert. Die Weihnachtstagung und die neugegründete Anthroposophische Gesellschaft machen es klar: Rudolf Steiner vertraut noch immer auf seine Kraft, den Menschen zur inneren geistigen Verantwortung zu führen, und ihn zu befeuern. Eines der sehr wenigen Gedichte, in denen Steiner über sich selbst spricht, wurde nach seinem Tod unter seinen Papieren gefunden. Es stammt aus seinen letzten Lebensmonaten.[11]

«Ich möchte jeden Menschen
Aus des Kosmos' Geist entzünden.
Daß er Flamme werde
Und feurig seines Wesens
Wesen entfalte.
Die andern, sie möchten
Aus des Kosmos' Wasser nehmen,
Was die Flammen verlöscht
Und wäss'rig alles Wesen
Im Innern lähmt. –
O Freude, wenn die Menschenflamme
Lodert auch da, wo sie ruht! –
O Bitternis, wenn das Menschending
Gebunden wird da, wo es regsam sein möchte.»

Eine Frage und eine Antwort

Damit sind wir bei einer zentralen Frage angekommen: War die Gesellschaft, die wir nach Steiners Tod geerbt haben – von ihren tragischen Spaltungen ganz abgesehen –, in Übereinstimmung mit den Intentionen ihres Gründers? Konnte er uns wirklich entzünden und zur Freiheit führen? Bin ich zur Flamme geworden? Oder habe ich mich nach einem Propheten, einem Führer, einem Guru gesehnt, an dessen Lehre ich glauben kann und dessen Wort unantastbar ist?

Wenn wir auf die Geschichte unserer Gesellschaft schauen, muß ich, für mich zumindest, weiter fragen: Ließ sich nicht manchmal unsere Art, Steiners Texte zu studieren, mit sektiererischen Bibelauslegungen vergleichen? Wurde, was für Steiner erlebte Dynamik des Geistes war, nicht analysiert und intellektualisiert, wurde nicht manchmal geistige Substanz auf das Niveau einer akademischen Disziplin gebracht? Steiner sah das vor seinen Augen, und er, der Lehrer der Freiheit, schwieg.

Aber zum Glück nicht immer. Dreimal sprach er im Sommer 1924 über diese Frage. Die nachdrücklichste Darstellung findet sich im Londoner Karmavortrag vom 24. August 1924. Er spricht da über seine Intention, der neugegründeten Gesellschaft einen esoterischen Zug zu geben, und erzählt, daß er das schon 1902 versucht habe. Er hatte die Absicht, mit seinen Zuhörern an praktischen Karmaübungen zu arbeiten, aber das Resultat war niederschmetternd gewesen. Seiner Londoner Zuhörerschaft gab er eine sehr drastische Schilderung des Benehmens älterer Herren in der Berliner Theosophischen Gesellschaft und fuhr fort: «Und da war es denn ganz unmöglich, bei dem Programm zu bleiben, weil es aussichtslos gewesen wäre. Und so kam eben die theosophische Bewegung in Deutschland in ein mehr theoretisches Fahrwasser... und das eigentlich Esoterische mußte warten.»[12] In demselben Vortrag hatte er schon vorher festgestellt, daß es sich mit der Anthroposophischen Gesellschaft, die aus der Theosophischen hervorgegangen war, im wesentlichen nicht anders verhielt. Sie hat «nicht jene Gestalt angenommen..., von der ich gedacht habe,... daß sie angenommen werden würde».[13]

Ein neuer Ansatz

Wir haben gesehen, wie in den einundzwanzig Jahren von 1902 bis 1923 Steiner nur vorsichtige Versuche gemacht hat, seine eigenen Intentionen in die Gesellschaft hineinzutragen, und statt dessen mit dem arbeitete, was aus den Herzen seiner Zuhörer ihm entgegenkam, und mit dem, was ihm im Hinblick auf die Forderungen der Zeit notwendig schien.

Während des Jahres 1923 wurden die Forderungen der Zeit immer dringender. Das Goetheanum war abgebrannt. Steiner sah, daß die Gesellschaft innerlich hohl war. Die Mitglieder hatten «geschlafen», unbewußt und unberührt von den Zeitereignissen, und wollten immer weitere geistige Offenbarungen empfangen. Im Februar fuhr er nach Stuttgart, um mit den Delegierten der deutschen Gesellschaft zu sprechen. Er begegnete bitterer Entzweiung. Sein Vorschlag, zwei Gesellschaften nebeneinander zu haben, traf auf Bestürzung und Ablehnung. Jeder möge selber entscheiden, sagte der Lehrer der Freiheit, ob er der einen oder der anderen Gesellschaft angehören möchte – oder auch beiden. Im Anschluß an Deutschland reiste er in andere europäische Länder in der Hoffnung, dort der Frage zu begegnen, die ihm Handlungsfreiheit geben würde. Aber er wartete eine lange Zeit vergebens.

Es scheint, daß die entscheidende Frage endlich spät im November 1923 in Den Haag gestellt wurde. Sie ermöglichte es Rudolf Steiner, sich mit der neu zu begründenden Gesellschaft zu verbinden und seine persönlichen Intentionen in sie hineinzutragen. Aber durfte er das angesichts der geistigen Welt? Würden die Götter ihm auch in Zukunft zur Seite stehen, wenn er jetzt beginnen würde, Dinge nach seinen eigenen Intentionen zu formen? Oder mußten sie ihn verlassen, wenn er nicht länger den Erwartungen seiner Zuhörer entsprechen und aus ihren Herzen schöpfen würde? Er konnte nicht wissen, was die Antwort der geistigen Welt sein würde. So mußte er, ein Diener Michaels, die volle Verantwortung übernehmen und sich selber aufs Spiel setzen, um das Wagnis zu bestehen. Im Sommer 1924 wußte er die Antwort. Mehr als zuvor waren die Götter an seiner Seite. Er war gesegnet worden.

Den Schritt, sich mit seinen persönlichen Intentionen in das soziale Gefüge der Anthroposophischen Gesellschaft zu verweben, bezeichnet Steiner gewöhnlich mit den Worten, daß seit der Weihnachtstagung die Anthroposophische Gesellschaft und Bewegung eins geworden sind. Das hat nichts, wie lange geglaubt wurde, mit unseren Einrichtungen zu tun. Wie Manfred Schmidt-Brabant immer wieder erklärt, ist die Bewegung die Michaelsbewegung und umfaßt Erdenmenschen, Verstorbene und geistige Wesenheiten. In der Anthroposophischen Gesellschaft und den Institutionen lebt sich diese Bewegung im Irdischen aus. Indem Rudolf Steiner, der größte menschliche Repräsentant dieser Bewegung, Verantwortung für die Gesellschaft übernimmt, wurden Bewegung und Gesellschaft eins.

Mit der Weihnachtstagung begannen die Intentionen Steiners sich machtvoll zu offenbaren. Der Damm war gebrochen. Jetzt konnte er die Gesellschaft sozial neu gestalten, jetzt konnte er frei über Karma sprechen, jetzt konnte er Anthroposophie esoterisch darstellen, wie er es seit 1902 immer wollte. Am 14. August sagt er in Torquay, daß jetzt gar manches in der Anthroposophie im gegensätzlichen Sinn wie früher darzustellen ist, und erklärt mit ungewöhnlicher Stärke: «Sie müssen sich daran gewöhnen», daß es jetzt eine neue Form der Anthroposophie gibt.[14] Zu den hervorragendsten Beispielen dieser «neuen» Anthroposophie gehören neben den Karmavorträgen der Kurs über «Das Initiaten-Bewußtsein» und «Anthroposophie, eine Einführung». Manche Menschen legten diese «Einführung» enttäuscht zurück. Das war doch keine Einführung. Doch! Es war eine Einführung in die neue Anthroposophie, nicht konzeptionell, sondern nur beschreibend. Es ist dieselbe Art, der wir schon früher in dieser Studie beim «Fünften Evangelium» und bei den Vorträgen in England und Wales begegnet sind. Natürlich ist diese Art nicht auf diese Werke beschränkt, sondern findet sich im Gesamtwerk immer wieder.

Eine Beschäftigung mit Steiners Werk von Mitte 1923 bis zu seinem Tod kann uns eine Idee geben, wie Anthroposophie ausgesehen hätte, wenn Steiner nicht durch karmische Bedingtheiten und die Nachwirkungen der Theosophischen Gesellschaft gehindert worden wäre, seine Botschaft auf seine Weise zu gestalten. Der Verfasser ist der Überzeugung, die Anthroposophie hätte sich noch mehr mit innerer Entwicklung, individuellen Beziehungen und der Dynamik des Karma beschäftigt. Wie immer auch die Einstellung des einzelnen zu dieser Frage sein mag, man darf sich doch fragen, wie Steiners Tätigkeit nach der Weihnachtstagung weitergegangen wäre.

Einige konkrete Beispiele

Die obigen Ausführungen sind bewußt knapp gehalten, und es schaut das Ganze einfacher aus, als es tatsächlich ist. Deshalb möchte ich wenigstens auf ein paar konkrete Beispiele eingehen. Warum «schwieg» Rudolf Steiner? Er konnte nur in Freiheit lehren und nicht seine Lehre Menschen autoritär aufdrängen. Aber er erlebte eben auch, daß gesetzte Bürger des zweiten Reiches, die also im Wilhelminischen Deutschland aufgewachsen waren, an Autorität gewöhnt waren und hierarchische Ordnungen für die einzig möglichen hielten. Das hatte Folgen für seine Beziehungen zu seinen Schülern und ebenso für die sozialen Formen der Gesellschaft, die ja mit seinen sozialen Intentionen wirklich wenig gemein hatten.

Schon bald nach Kriegsende begann sein Ärger über die Gesellschaft manchmal durchzubrechen. Nicht, weil sein Impuls nicht beachtet oder verzerrt wurde – dazu hatte er «geschwiegen» –, sondern weil er sehen mußte, wie die sozialen Gegebenheiten in der Gesellschaft Menschen den Weg versperrten, die mit ihm arbeiten wollten. Wir wählen vier Komplexe heraus. Er macht darauf aufmerksam, daß Menschen, die sich nach einer neuen Religion sehnen, an der falschen Adresse sind. Die Anthroposophische Gesellschaft arbeitet mit Menschen, die das größte Interesse an den Problemen der Welt haben (Dornach, 18. Januar 1920 und Stuttgart, 24. Juni 1920). In dem Stuttgarter Vortrag wird sein Dilemma klar: Der Widerstand gegen seine Intentionen ist groß. Kann er die Zurückhaltung aufrechterhalten, die er bis jetzt gewählt hat, wenn er seine Intentionen zart andeuten wollte? «Das war es, was ich immer wieder in den verschiedensten Tönen versuchte, seit den zwei Jahrzehnten, seitdem Anthroposophie unter uns getrieben wird, durch die verschiedenen Vorträge durchleuchten zu lassen und klarzumachen, daß es sich bei uns wahrhaftig nicht darum handelt,... eine Art geistigen Snobismus zu kultivieren, sondern daß es sich handelt um dasjenige, was das Zeitalter als seinen wichtigsten Impuls braucht.»[15]

Vierzehn Tage nach dem Brand des Goetheanum sagt er den Dornacher Mitgliedern, daß sie «geschlafen» haben. Es ist kein Interesse für die Welt vorhanden. Die Menschen wollen nur immer mehr und immer neue okkulte Einsichten empfangen. Er deutet an, daß diese Einsichten an sich für die Menschen nichts bedeuten, außer sie setzen sie in äußere Taten und innere Verwandlung um. Das war auch einer der Gründe für die Gefährdung des Goetheanum. In Stuttgart sagt er am 16. Oktober 1923, also zwei Monate vor der Weihnachtstagung: wenn er über Dinge spricht, die imstande wären, die Welt von Grund auf zu verändern, nehmen das die Mitglieder einfach als eine schöne Tatsache hin.[16] Diese Verhaltensweise – und hier kommen wir zu unserem zweiten Problem – rührt von der ehemaligen Beziehung zur Theosophischen Gesellschaft her. Dadurch kam es zu einem Sektierertum und einer Art snobistisch-esoterischem Verhalten, als wenn die Mitglieder fühlten: wir sind halt noch okkulter als die andern. So kommt es, «daß manchmal... dieser Hochmut eine ganz, ich will nicht sagen anständige, sondern eine ganz unanständige Größe erreicht hat». Und weiter heißt es in demselben Vortrag, in Dornach am 21. Januar 1923: Die Anthroposophische Gesellschaft hat sich aus dem Sektierertum «gründlich herausgearbeitet. Nur haben viele Mitglieder das heute noch nicht bemerkt.»[17] Natürlich hat es einen karmischen Grund für die Beziehung zur Theosophischen Gesellschaft gegeben, erklärt er in Dornach am 15. Dezember 1918, aber es «wäre... gescheiter gewesen», wenn man von Anfang an hätte unabhängig sein können, «denn das ganze philiströse Bourgeoistum der Theosophischen Gesellschaft, das antiquierte Zeug, all das wäre nicht eingeflossen. In die Anthroposophie ist es ja nicht eingeflossen, aber vielfach in den gesellschaftlichen Betrieb.»[18]

Drittens zeigt Steiner, daß die Meinung, esoterischer als die anderen zu sein, wirkliche Esoterik verhindert. Die Welt wirft uns mit Recht vor, daß man wenig von der geistigen Entwicklung spüren kann, von der die Anthroposophen so gern sprechen (Dornach, 20. Januar 1923).[19] Schließlich wendet er sich gegen die anthroposophische Bürokratie, die er das Stuttgarter System nennt. Er ist da bereit, scharfe Worte zu verwenden. Am 2. März 1923, also kurz nach der stürmischen Delegiertenversammlung, spricht er in Dornach über «die alte Aristokratie – nein, also die Mitglieder der älteren Anthroposophischen Gesellschaft mit der Historie auf den Schultern und Rükken,... die Partei der Gebundenheit, der Tradition,... auf den kurulischen Stühlen...»[20]

Um die Schärfe des Angriffs richtig einzuschätzen, müssen wir uns darüber klar sein, daß Steiner hier über einige seiner treuesten Mitarbeiter spricht, deren Arbeit auf anderen Gebieten er schätzte. Leser, die in Steiners eigenen Worten kennenlernen wollen, was er an dem Betrieb der Anthroposophischen Gesellschaft zu tadeln hat, seien auf den Stuttgarter Vortrag vom 4. September 1921 verwiesen. Ähnliche Probleme findet Steiner auch in England. Es wurde der Londoner Vortrag vom 24. August 1924 erwähnt, wo er darstellt, wie in der Anthroposophischen Gesellschaft in Deutschland zu viel Theorie und zu wenig esoterisches Leben zu finden war. Dann aber stellt er fest, daß das konservative Element in England die Dinge ruhig so weiterlaufen lassen möchte, wie sie vor der Weihnachtstagung waren, daß aber das fortschrittliche Lager schrittweise diesen Konservativismus umwandeln könnte. (Wahrscheinlich hat er auf der einen Seite Harry Collison und auf der andern Menschen wie Daniel N. Dunlop und George Adams im Sinn.) Anthroposophie ist neu, sagt er, und kann nicht in alten Formen gepflegt werden.

Diese Überzeugung findet vielleicht ihren stärksten Ausdruck in einem Gespräch, das er mit Ernst Lehrs hatte, und das dieser in seiner Autobiographie «Gelebte Erwartung» berichtet. Lehrs beklagt sich über die Form des Wiener Kongresses, der vor kurzem stattgefunden hatte. Steiner stimmt mit ihm überein, daß wir noch immer an alte Formen gebunden sind. Plötzlich bricht er aber freudig aus: «Aber dann, wenn das Chaos da ist, dann sind wir in unseren Formen auch frei!»[21]

Soziale Neugestaltung und das Fünfte Evangelium

Eine so markante Aussage erscheint nur schockierend, bevor man den engen Zusammenhang zwischen Steiners Christusbotschaft und seinen sozialen Intentionen zu schätzen weiß. Der Verfasser kennt niemanden in der Geschichte des Christentums, der den Unterschied zwischen Vater und Sohn so eindeutig dargestellt hat. Der Vater: der unendlich weise Schöpfer, dessen Welt alle Wesen in ihrer hierarchischen Ordnung enthält. Er verleiht seiner Schöpfung eine kosmische Ordnung und öffnet in ihr einen Raum für die Gegenmächte, deren Versuche, Schrecken und Verwirrung in die Welt zu tragen, er durch seine Liebe zunichte machen kann. Luzifer brachte uns zu Fall,

gab uns aber unsere Freiheit. Der Christus heiligte sie. Für ihn spielen biologische und historische Gruppierungen (Juden, die Familie) nur eine geringe Rolle. Er sieht in uns Menschen, die aus dem Paradies gefallen sind, Individualitäten in ihrer tragischen Entfremdung. Die Vaterwelt gründet sich auf Kausalität, kosmische Ordnung (Gesetz) und Tradition. Der Christus kennt nur einmalige Menschen, jeder besonders und mit anderen unvergleichbar. Da verschwindet die ganze hierarchische Welt, wir sind nicht länger die Diener Gottes, sondern seine Freunde (Joh. XV, 14). In Einsamkeit betreten wir ein neues Reich, das Reich der Liebe, wo jeder von uns aus Liebe zu dem andern die andere Individualität in die eigene Freiheitssphäre einlädt. Der nächste Schritt ist der in die neue Gemeinsamkeit, die nicht der von Gott gegebenen natürlichen Welt entspringt, sondern eine Gemeinschaft freier Menschen ist, der «zwei oder drei», die Liebe und Freiheit erlebt haben. In diesem Sinn beginnen sie, die Welt neu zu gestalten «Siehe, Ich mache alle Dinge neu» (Off. XXI, 5).*
Mit diesen Worten haben wir schon die sozialen Intentionen Steiners gekennzeichnet, die er in der Welt nicht ausführen konnte, welche er aber 1923 der Anthroposophischen Gesellschaft zugrunde legte, einer Gesellschaft, die die freieste und modernste auf Erden werden sollte. Mit größter Sorgfalt formte er die Statuten dieser Gesellschaft, die natürlich keine Statuten sein sollten – eine Zwangsjacke, in die Menschen gezwungen werden –, sondern einfach eine Beschreibung der tatsächlichen Wirklichkeit.

---

* Es wird wohl den meisten Lesern klar sein, daß die Sohneswelt die Vaterwelt nicht verdrängt hat, sondern daß es uns freisteht, in dieser oder jener zu leben. Man könnte vielleicht auch sagen, daß die Lebenskunst darin besteht zu lernen, in welchen Gegebenheiten man in der einen oder der andern seine Existenz gründet.

Diese «Statuten» besprach er Paragraph für Paragraph, manchmal sogar Satz für Satz mit den in Dornach versammelten Mitgliedern und änderte öfters den vorgeschlagenen Text. In dreizehn Briefen an die Freunde, die nicht nach Dornach reisen konnten, erläuterte er seine Absichten und gab ihnen einen intimen Bericht über die geistigen und sozialen Realitäten, die die neue Gesellschaft durchdringen sollten.

Die geschichtliche Wirklichkeit

Rudolf Steiner sprach mit voller Klarheit. Trotzdem konnte die wahre Bedeutung seiner Worte nicht die ganze Gesellschaft durchdringen. Es gibt eine Reihe von Freunden, die uns berichten, wie Steiner ihnen im Verlauf des Jahres 1924 die überraschende und bestürzende Mitteilung machte, daß der Impuls der Weihnachtstagung nicht aufgenommen wurde. Die karmische Verlagerung innerhalb der Gesellschaft kam nicht zustande. Selten nur wurden die sozialen Intentionen aufgenommen. Zu oft wurde die Botschaft der Briefe und «Statuten» im Geist der Theosophischen Gesellschaft interpretiert oder ganz ignoriert. Es soll nur ein Beispiel erwähnt werden.*
Vielfach wurde angenommen, daß in unserer Gesellschaft Demokratie keinen Platz hat. Natürlich ist es unmöglich,

---

* Freunde, die in der englischen Sprache bewandert sind, seien auf einen Artikel in «Anthroposophical Quarterly» vom Sommer 1975 hingewiesen, der sich eingehend mit diesem Thema beschäftigt. Der Titel ist: «The Anthroposophical Society, an Unfinished Work of Art».

in einer Anthroposophischen Gesellschaft Menschen vorzuschreiben, welche Meinung sie haben und vertreten müssen. Aber ebenso ist extreme Aristokratie unmöglich, die immer voraussetzt, daß die Mehrzahl der Mitglieder nicht fähig ist, «richtige» Entscheidungen aus Einsicht zu treffen. Aus Rudolf Steiners Aussagen und aus seinem Handeln in der Gesellschaft sowie im Lehrerkollegium der Waldorfschule werden schon einige Richtlinien klar. Initiativen entspringen immer der Einsicht eines Einzelmenschen, werden aber oft am besten von einer Menschengruppe verwirklicht. In unserer Gesellschaft ist Raum für «aristokratische» wie für «demokratische» Formen. Jede Gruppe dieser Gesellschaft ist frei, die ihr gemäße Lebensform zu finden und zu verwirklichen. Wer vorsichtig Steiners Worte liest, wird voll Staunen sehen, daß innerhalb der Gesellschaftseinrichtungen – in der Hochschule ist das anders – das Wort «gewählt» nicht weniger oft von Steiner gebraucht wird als «ernannt», und daß ihm keine geringere Bedeutung zukommt als diesem.

Seit 1925 sind zwei Generationen vergangen. Auch in der Sozialstruktur der Gesellschaft hat sich schrittweise manches gewandelt. Doch ist es nicht schwer, noch immer in Teilen der Gesellschaft eine Sehnsucht nach Hierarchie, ausgeprägten Strukturen und Führung von «oben» zu finden.

Vorläufige Zusammenfassung

Seit meiner Kindheit habe ich mich beunruhigt und unglücklich gefühlt, wenn ich auf gewisse Haltungen in unserer Gesellschaft gestoßen bin, die ich heute als Überreste theosophischer Tradition erkenne, und war gleichzeitig tief beeindruckt von Steiners fortschrittlicher Einstellung in sozialen Fragen, in denen ich heute die selbstverständliche Folge des Fünften Evangeliums sehe.

Drei Perioden lassen sich in Steiners Leben erkennen. In der ersten drückte sich sein Christentum in seinem Willen aus. Er stellte sein eigenes Karma zurück, um das auszuführen, was Schröer hätte tun sollen. Er formulierte seine Freiheitsphilosophie, ein persönliches Bekenntnis zur moralischen Autonomie des Einzelmenschen. Er setzte sich für soziale Erneuerung ein, für die Befreiung des Menschen von den Zwängen von Kirche, Tradition, Nationalismus, Staat und Kapitalismus. Am Ende dieser Periode stand er vor dem Mysterium von Golgatha.

In der zweiten Periode, den dreimal sieben Jahren von 1902 bis 1923, war er der christliche Lehrer geistiger Wirklichkeiten. Er lehrte das, was Menschen in ihrer besonderen Lebenssituation von größter Hilfe sein konnte, er sprach über Themen, die die Zeitlage – innerlich wie äußerlich – notwendig machte. Er gab uns das «Fünfte Evangelium», konnte aber seine anthroposophischen Freunde nicht für seine persönlichen Intentionen interessieren.

Zu Weihnachten 1923 vereinigte er die Bewegung mit der Gesellschaft, indem er sich selbst in seinen persönlichen karmischen Zielen mit der Gesellschaft verband. In dieser begründete er einen esoterischen Zug und zeigte uns Wege der Freiheit, auf denen sich das Leben der Gesellschaft entwickeln konnte. Die karmische Verlagerung, auf die er in den Karmavorträgen hingedeutet hatte, konnte jedoch nicht stattfinden, aber heute noch, am Jahrhundertende, könnten wir unsere Aufmerksamkeit auf die drei Gebiete richten, die er uns so sehr ans Herz gelegt hatte: die Karmaforschung, den esoterischen Zug in unserem Leben und das praktische Erüben in unseren Beziehungen in der Gesellschaft der Freiheit des einzelnen und der Pflege der unabhängigen, frei zusammenarbeitenden Gruppierungen, welche «im Zusammenklang ihrer Herzen» die Wirklichkeit der Michaelsströmung auf der Erde darstellen.

Rudolf Steiners Forschungsweise

In unseren Bemühungen, Rudolf Steiners Aussagen «richtig» einschätzen zu können, wenden wir uns jetzt einem anderen Gebiet zu. Wie kommt er zu Aussagen über das, was er «die geistige Welt» nennt und wie formuliert er die Resultate seiner Forschung so, daß diejenigen unter uns, die selber noch keine geistigen Erlebnisse gehabt haben, Verständnis für diese Resultate haben können? Wir gehen an diesen Fragenkomplex mit zwei ganz präzisen Fragen heran: Gibt es eine «Geographie» der geistigen Welt? Und: Ist Steiner unfehlbar?

Die zweite dieser Fragen kann leicht beantwortet werden. Im Vorwort, das Steiner 1909 für eine Sammlung von Aufsätzen geschrieben hat, die zuerst als Artikel in der Zeitschrift «Lucifer-Gnosis» erschienen sind, gibt er gute Gründe an, warum die Ergebnisse geistiger Forschung zuverlässiger sein können als die der offiziellen Geschichtsschreibung. Dann fährt er fort: «Um einem möglichen Irrtum vorzubeugen, sei hier gleich gesagt, daß auch der geistigen Anschauung keine Unfehlbarkeit innewohnt. Auch diese Anschauung kann sich täuschen, kann ungenau, schief, verkehrt sehen. Von Irrtum frei ist auch auf diesem Felde kein Mensch; und stünde er noch so hoch.»[22]

In München sagt er am 16. Mai 1912, daß nicht alle Gebiete der geistigen Welt dem hellsichtigen Bewußtsein offen sind, und in Karlsruhe am 14. Oktober 1911, daß die geistige Forschung wie jede andere Zeit braucht und: «So kann manches auch heute nur als die halbe Wahrheit angedeutet werden.»[23] Sechs Tage früher bemerkt er dort, «daß das, was wir heute zu sagen vermögen über die tiefsten Wahrheiten der Menschheitsentwickelung, in verhältnismäßig kurzer Zeit schon unvollkommen sein wird»[24]. Besonders in den Vorträgen von 1913 über das «Fünfte Evangelium» erwähnt er das Vorläufige in seiner Darstellung, und sogar gegen sein Lebensende drückt er von Zeit zu Zeit eine gewisse Unsicherheit aus. Ein Beispiel findet sich im Dornacher Vortrag vom 6. Januar 1924.

Hier kann es am Platz sein, uns zu erinnern, daß Steiner uns immer wieder auffordert, unserem natürlichen Wahrheitsgefühl zu vertrauen, unserem normalen gesunden Menschenverstand. Dazu kommen aber auch die geistigen Erinnerungen, die tief verborgen in unserem Seelengrund aus unserer vorgeburtlichen Existenz herrühren. Es ist schwer, sich den Menschen vorzustellen, der kühn behauptet, daß sich Steiner in seiner Geistesschau geirrt habe, während er selber die Wahrheit weiß, aber manche Anthroposophen empfinden eine tiefe Scheu, Aussagen Steiners zu zitieren, es sei denn, sie können in ihren Seelentiefen ein positives Echo, ein freudiges «Ja, so muß es sein» empfinden.

Diese Frage wird uns später noch beschäftigen und

ebenso die Frage, in welchen Worten Steiner die Resultate seiner geistigen Forschung ausdrückt.

Raum und Zeit

Um verständlich und konkret sein zu können, gibt uns Steiner oft Beschreibungen der «geistigen Welt», als ob diese Welt eine räumliche Existenz hätte, also in einer gewissen Entfernung oberhalb unserer Köpfe beginnt. Das ist eine große Hilfe für unsere Verständnismöglichkeiten, aber in Momenten der Meditation oder Kontemplation wird uns manchmal das Vorläufige dieser Bilder klar. Ist nicht jeder Mensch, dem ich begegne, eine geistige Wesenheit? Sind wir nicht ständig von Elementarwesen umgeben? Ist nicht unsere ganze Erde von dem Leben und der Wirksamkeit des Christus durchdrungen? Um in unserem inneren Leben geistigen Wirklichkeiten näher zu kommen, ist es gut, uns zu erinnern, daß räumliche Beziehungen nur der physischen Welt, der Welt der Maja angehören. Während der Nacht, sagt Steiner am 19. Mai 1908 in Hamburg, sind astralischer Leib und Ich von den zwei andern Wesensgliedern losgelöst, «wenn wir das Wort nicht im rein räumlichen, sondern im geistigen Sinne verstehen...»[25] Der Mensch der Frühzeit erlebte ähnlich den Göttern Entwicklungen, Zeitprozesse. Seit Kopernikus und Galilei sind alle unsere Erlebnisse räumlicher Art. Und so beschreibt auch Steiner geistige Gegebenheiten. Damit kommt er dem Vorstellungsvermögen zu Hilfe. Doch betont er, daß wir uns doch immer bewußt bleiben müssen, daß dies nur ein Versinnlichen ist und daß eigentlich das, worauf es ankommt, ein Streben ist, zumindest ein Streben sein müßte, aus dem Räumlichen herauszukommen. Sogar die Ausdrücke «groß» und «klein» müssen qualitativ verstanden werden, denn: «Der Raum, so wie wir ihn aus unserer Sinneswelt kennen, ist eigentlich nur für diese Sinneswelt vorhanden.»[26]

Ein weiterer Blick auf Rudolf Steiners Forschungsweise

Wir werden jetzt versuchen, noch genauer das Wesen der «geistigen Welt» zu betrachten, die Weise, in der Steiner sie erlebte, und auch die Tatsache, warum er Unfehlbarkeit ausdrücklich ablehnen mußte.* Wir haben gesehen, daß die «geistige Welt» keine räumliche Dimension hat. Wir können aber auch nicht annehmen, daß Zeit in unserem Sinn existiert. Steiner erklärt in Wien am 29. März 1910, wie für ihn in seinem hellsichtigen Zustand Zeit gegenwärtig wird. Um aber diesen Zustand seinen Zuhörern verständlich zu machen, beschreibt er seine Eindrücke räumlich. Er tut das, um Zeit zu sparen und trotzdem ein lebendiges Bild seines Erlebnisses zu geben. Wollte er das realistisch beschreiben, müßte er zuerst erklären, daß es im geistigen Erleben keine Gegenstände gibt, keine Tische, Sessel, Gänseblümchen oder Tatsachen, nur Wesen und deren Beziehungen zueinander.

Wenn Steiner auf die Akasha-Chronik hinweist, wird

---

* Der Verfasser möchte auf ähnliche Betrachtungen in Friedrich Rittelmeyers Buch «Meine Lebensbegegnung mit Rudolf Steiner» (Stuttgart [10]1983) hinweisen.

kaum jemand an ein handgeschriebenes Buch denken, das in irgendeinem Winkel der geistigen Welt herumliegt. Aber jahrelang hat der Verfasser sich vorgestellt, daß geschichtliche Tatsachen dem Hellseher in Bildern sichtbar werden, Bilder, die an die Werke anthroposophischer Künstler erinnern, nicht statisch vielleicht, sondern in Bewegung. Aber nach und nach fühlte er ein immer stärkeres Unbehagen, sobald das Wort Akasha-Chronik auftauchte. Das machte ihn auf Stellen in den Vorträgen aufmerksam, die er bisher übersehen hatte. «... wir dürfen nicht verwechseln diese Bilder, in denen wir uns notwendigerweise ausdrücken müssen, mit den Realitäten», heißt es in Dornach am 20. August 1920.[27] Schon am 25. Juni 1909 hatte er in Kassel gesagt, daß man in der Akasha-Chronik keine Tatsachen und Handlungen finden kann. Dort erfährt man Gedanken, Intentionen, Motivierungen, mit anderen Worten die Äußerungen von Wesen. Ein konkretes Beispiel gibt der Münchner Vortrag vom 12. März 1913. In den Osloer Vorträgen über «Das Fünfte Evangelium» gibt er seine «Quellen» für dieses Evangelium an. Es sind die Apostel selber. «... wenn sich das hellsichtige Bewußtsein in die Seelen dieser Apostel vertieft, dann erkennt es jene Bilder in diesen Seelen.»[28] Indem Steiner in die Seelen der Apostel schaut und sieht, wie diese Seelen erlebt haben, findet er auf diesem Umweg die Möglichkeit, auf die Einzelheiten des Mysteriums von Golgatha hinzuschauen. Eine zweite Stelle, die diesen Prozeß deutlich schildert, findet sich im Wiener Vortrag vom 9. April 1914. Seine Intentionen befähigen ihn, Kontakt mit Wesen seiner Wahl aufzunehmen, während andere Wesen unbemerkt bleiben. Da seine Darstellungen aus solchen Wesensbeziehungen stammen, ist es selbstverständlich, daß sie immer andere Nuancen enthalten werden. Wie schwierig eine solche Vorbereitung sein muß, hat meines Wissens Steiner nie gesagt. Aber Homer beschreibt den fast übermenschlichen Kampf, den Odysseus bestehen muß, um mit dem toten Teiresias kommunizieren zu können, ohne von andern Wesen gestört zu werden.

Manchmal jedoch scheint sich eine solche Vorbereitung zu erübrigen. Manche Wesen haben selber den Wunsch, erfahren zu werden. So begegnet Steiner Marswesen auf ihrem Weg durch unsere Erde und lernt von ihnen Gegebenheiten auf jenem Planeten.[29] Mehr als einmal bezieht sich Steiner auf seine ganz ungewöhnliche Begabung. Seine Erinnerung geht bis in die früheste Kindheit zurück, wo er kaum inkarniert war (Arbeitervortag vom 21. März 1923), und erstreckt sich manchmal sogar auf seine vorgeburtliche Existenz (Dornach, 21. März 1923 und 12. Januar 1924). Doch ist es nicht nötig, daß alle geistigen Einsichten, die er ausdrückt, nur von ihm selber herrühren. In «Die Stufen der höheren Erkenntnis» heißt es: «Auch in der Geheimwissenschaft... läßt» man «sich durch einen Lehrer diejenigen Dinge überliefern, welche durch inspirierte Vorgänger für die Menschheit errungen worden sind.»[30]

Natürlich entstammen die meisten Ausagen Steiners seinen eigenen Bemühungen. Ständig baut er seine Einsichten weiter aus. «Das habe ich früher nicht so deutlich ausgesprochen, einfach deshalb nicht, weil ich es nicht gewußt habe.»[31] Sein Vertrauen wächst, sagt er in dem gleichen Vortrag, wenn zwei ganz verschiedene Untersuchungen zum selben Resultat führen. Manchmal ist er von seinen Forschungsergebnissen ganz überrascht.[32] Er strebt immer präzisere Aussagen an und darf darauf hinweisen, daß die Versuchungen Christi im «Fünften Evangelium» genauer geschildert werden als in den vier anderen Evangelien.[33]

Aber selbst für ihn gibt es Grenzen. Ein Zitat muß uns genügen. «Tod gibt es nicht in einer übersinnlichen Welt, insofern übersinnliche Welten dem Menschen erreichbar sind mit seinem hellseherischen Bewußtsein.»[34] Hier ziemt es uns einzuhalten, ehrfurchtsvoll und schweigend.

Abschließend sollen noch drei Bemerkungen folgen. Im Rückblick schauen wir erstens auf Steiners ganz bewußte und disziplinierte Forschungsweise hin, auf einen Lernprozeß, der sich über sein ganzes Leben erstreckt. Zweitens ist das gerade ein Grund, warum er so oft die vorläufige Natur seiner Aussage betont. Er wird die Geschichte der Versuchungen Christi so erzählen, «wie sie sich mir ergeben hat, ... weil es schwierig ist, solche Dinge zu erforschen», könnte «später einmal die Korrektur nötig sein..., die drei Stufen der Versuchung... umzuändern. Denn die Aufeinanderfolge kann in der Beobachtung... leicht durcheinandergeworfen werden, und da bin ich... nicht ganz sicher. Ich will nur erzählen in dem Ausmaße, wie ich es genau kenne.»[35]

Drittens ist es wichtig zu berücksichtigen, daß Steiners Aussagen über geistige Gegebenheiten auf Wesensbeziehungen zurückgehen. In solchen Mitteilungen bleibt die Situation nicht statisch. Das bezieht sich noch mehr auf Mitteilungen, die ohne Unterstützung des physischen Leibes stattfinden. So ist es nicht schwer einzusehen, «daß alle diese Imaginationen außer der Paradies-Imagination flüchtig sind, und daß man sie von verschiedenen Seiten darstellen kann»[36]. Diese Schwierigkeiten werden nicht leichter. Denn je weiter man in die geistigen Welten eindringt, um so dichter wird die gegenseitige Durchdringung der Wesenheiten. Sie können kaum mehr voneinander unterschieden werden.[37]

Die Vorträge

Erst wenn wir uns Steiners Forschungsweise in ihrer Wirklichkeit vorgestellt haben, können wir beginnen, die gewaltige Leistung seiner Vorträge richtig zu schätzen. Der einfühlende Leser wird manchmal erleben können, wie die geschilderte Situation nicht ganz dieselbe bleibt, sondern sich langsam und subtil ändert. Das macht unser Verstehen schwieriger, aber wir können auch die Größe des Augenblicks fühlen, wo wir an Steiners unmittelbarer Geistesschau teilhaben dürfen. Denn er spricht über das, was im Augenblick des Sprechens vor seinem geistigen Auge steht. Für ihn macht es, wie er öfters erwähnt, keinen Unterschied, ob er über eine geistige Gegebenheit zum ersten, zweiten oder siebzehnten Mal spricht. In Dornach erklärt er seinen Zuhörern während des französischen Kurses im September 1922, daß er die Substanz seines Vortrags nicht vorbereiten kann. Er kann auch nicht aus dem Gedächtnis sprechen, sondern nur aus dem unmittelbaren Erleben. Dazu bedarf es wohl einer Vorbereitung, einer Art geistigen Übens, um sich auf das Wesen, mit dem er Kontakt sucht, einstimmen zu können. Er fährt in diesem Vortrag fort, seinen Zuhörern zu erklären, daß für die Einstimmung Ruhe, Frieden und Konzentration Vorbedingungen sind. Diese werden ihm aber nicht immer gewährt. So kommen manche Menschen vor dem Vortrag mit allen möglichen Fragen zu ihm, ohne zu bedenken, daß er in kürzester Zeit Kontakt mit geistigen Wesen aufnehmen werde.

Einer der Menschen, die diese Situation ganz klar verstanden, war Andrej Belyj. In seinem Buch «Verwandeln des Lebens» beschreibt er Rudolf Steiner, wie er vor einem Vortrag in Dornach unter den Menschen erscheint:

«Manchmal schimmert durch seine Stimmung schon der Inhalt des Vortrags hindurch: der Ton des uns noch unbekannten Vortrags; ich habe den Eindruck gehabt, daß ich den jeweiligen Ton der grundlegenden Vorträge wie eine das Gesicht des Doktors umwehende Aura schon im voraus wahrnahm. Oft dachte ich, wenn ich den Doktor in der beschriebenen Haltung dastehen sah: Es werden bedeutende Worte über Christus gesprochen werden. – Ein Etwas ging voraus, ein Etwas senkte sich über den Doktor; er schien streng, aber auch voller Wärme; ich möchte sagen – sogar heiß; seine Gesichtsfarbe, die unsichtbare, nur dem verfeinerten Bewußtsein sichtbar, war warm bis zum heißen Purpur glühender Rosen; natürlich ist alles, was ich jetzt sage, subjektiv; nicht subjektiv ist für mich nur die Tatsache, daß ich in gewissen Zeiten meines Lebens in der Nähe Steiners die Tonart des uns noch unbekannten Vortrags richtig erriet; den glühenden Purpur und die strenge, gütige und hingebungsvolle Liebe, die seiner Stirn, seinem Kehlkopf und seiner Brust entströmten, nahm ich – unabhängig von der Gesichtsfarbe – als ein ‹Wir werden von Christus sprechen› wahr.

Sobald er hinter dem Rednerpult stand, trat für mich immer deutlicher der Grundton des Vortrages hervor, begleitet von einer subjektiven Farbwahrnehmung, gleichsam einer Aura; eine bestimmte Atmosphäre verbreitete sich nach allen Seiten um ihn; Ton und Farbe dieser Atmosphäre waren für mich deutlich wahrnehmbar; selbstverständlich spreche ich nicht von einer optischen Wahrnehmung: sondern von einer inneren; aber sie wurde mir mit größter Zuverlässigkeit, wie ein Telegramm, vor Beginn eines Vortrags gesendet; der Doktor hatte sozusagen jeweils eine verschiedene Aura; außer dem glühenden Purpur seiner Worte über Christus konnte sie rosa-golden, von blendendem Gold, rosa und weiß sein.»[38]

Das Erstaunliche aber ist, daß dieser intime geistige Prozeß Hand in Hand mit einem zweiten ging, der ebenso subtil und intim war: Steiners innerer Bezug auf seine Zuhörer. Wir haben schon gesehen, daß Steiner aus der Seelensubstanz der vor ihm sitzenden Menschen sprach. Zwei Beispiele mögen zeigen, wie konkret er auch das Wesen einzelner Zuhörer auszuloten verstand.[39] Um 1950 hatte der Verfasser eine bemerkenswerte Geschichte in einer deutschen anthroposophischen Zeitschrift gelesen. Er erwähnte sie bei einer anthroposophischen Mitgliedertagung 1988 in Aberdeen und entschuldigte sich, daß er die betreffende Zeitschrift nicht mehr finden konnte und daß er deshalb aus dem Gedächtnis zitieren müsse. Nach dem Vortrag kam eine Dame zu ihm und sagte: «Die Person, über die Sie gesprochen haben, war meine Mutter.» Diese Mutter ging zum erstenmal in einen Vortrag von Rudolf Steiner. Sie saß etwa in der achten Reihe. Zehn Minuten nach Beginn des Vortrags bemerkte sie, daß der Blick des Vortragenden einen Moment auf ihr ruhte. Allmählich änderte sich das Thema des Vortrags, und als die Dame den Vortragssaal verließ, konnte sie sich sagen: Dieser Mann hat alle Probleme, mit denen ich diesen Saal betrat, erkannt und beantwortet.

Das zweite Beispiel findet sich in Heinz Müllers Buch «Spuren auf dem Weg».[40] Müller war als ganz junger Mensch im Ersten Weltkrieg schwer verwundet worden. Während einer Operation hatte er ganz ungewöhnliche Erlebnisse, die er nicht entschlüsseln konnte. Es wurde ihm geraten, Rudolf Steiner zu befragen. Dieser antwortete ihm mit größter Klarheit. Eine Frage aber ließ er offen, als er hörte, daß Müller in seinen Abendvortrag kommen würde. Dort erhielt Müller eine klare Antwort auf seine spezifische Frage, und so ging er nach dem Vortrag auf Steiner zu, um ihm zu danken. «Es ist gut, daß Sie es gehört haben», sagte er. Später fand Müller heraus, daß seine Freunde diese Stelle nicht gehört hatten und noch später, daß sie sich auch in dem gedruckten Buch nicht findet.

Diese zwei Beziehungen Steiners, die zu der Welt geistiger Wesenheiten und die zu der geistigen Situation seiner Zuhörerschaft, beschreibt Belyj als eine Einheit:

«Aber wir, die wir den Doktor so oft bei Mitglieder- und halböffentlichen Vorträgen erlebt haben, ließen uns nicht täuschen. Wir wußten, daß in den Augenblicken, da der leuchtende Aspekt Steiners in seinem Zwiegespräch mit der höheren Welt hervortrat, sein Blick für die Erscheinungen des physischen Plans nicht getrübt, sondern geschärft wurde; gerade diese Augenblicke waren es, in denen er das Verborgenste eines jeden von uns erkannte; in einem nicht zu beschreibenden, nicht festzuhaltenden Zug seines Gesichts, das regungslos zu sein schien, konnte jeder eine für ihn bestimmte Antwort ablesen...»[41]

So waren viele von Steiners Vorträgen heilige Handlungen, die übersinnliche Wirklichkeiten den Zuhörern nicht nur durch ihren logischen Inhalt – fast das Einzige, was das gedruckte Buch uns vermitteln kann – unmittelbar zum Erlebnis brachten. Steiner wirkte durch den Ton und die Dynamik seiner Sprache, durch Geste und Gesichtsausdruck auf Auge, Ohr und Herz der Menschen. Der Verfasser möchte die machtvolle Wirkung dieser Vorträge durch zwei persönliche Erlebnisse bezeugen. Er nahm einmal an einer anthroposophischen Arbeit teil, bei der man sich um einen bestimmten Vortrag Steiners bemühte. Die Teilnehmer verstanden so gut wie nichts. Nachher sagte der Verfasser zu einer älteren Freundin: «Dieses klägliche Resultat ist eigentlich deine Schuld. Du hast den Vortrag gehört und hast nicht gefragt.» Da spielte ein wunderbares Lächeln um ihr Gesicht. «Weißt du», sagte sie, «das Malheur war, wenn man ihn hörte, hat man verstanden.»

In Belyjs Buch las der Verfasser die Schilderung eines Weihnachtsvortrags, an dem Belyj teilgenommen hatte. Dieser erlebte Steiner, wie er vor seinen Augen voller Hingabe und Zärtlichkeit vor der Krippe stand und das Kind erlebte. Der Eindruck, den diese Beschreibung machte, war so gewaltig, daß der Verfasser bei der nächsten Gelegenheit den Vortrag im Wortlaut las. Es war eine große Enttäuschung. Der Bericht des Augenzeugen war überwältigend gewesen. Im Vergleich damit erschien der gedruckte Vortrag ohne Leben.

Der sprachliche Ausdruck

So waren Steiners Vorträge für ihn selbst Zeiten des intensiven Verkehrs mit geistigen Wesenheiten, für manche seiner Zuhörer aber «nur» Mitteilungen geistiger Gegebenheiten. Wir müssen diesen Unterschied klar herausarbeiten, wenn wir die Bedeutung von diesen Mitteilungen voll erfassen wollen. Steiner war nicht der einzige Eingeweihte dieses Jahrhunderts. Auf eine Frage von Maria Röschl-Lehrs sagte er, daß andere ebenso viel wüßten wie er, aber was sie wüßten, nicht ausdrücken könnten. Wir können als Beispiel Krishnamurti nehmen. Er sprach nur zu wenigen Menschen und gab keine konkreten Beschreibungen geistiger Wesenheiten und ihrer Beziehung zueinander, doch auf überzeugende Weise wies er auf die Wirklichkeit des Geistes hin. Denn er erlebte die Polarität zwischen geistigem Erleben und seinem sprachlichen Ausdruck als Hindernis, das er nicht bewältigen konnte. Was für ihn vollstes Erleben der Wirklichkeit war, wurde für andere Glaubensinhalt, Dogma. Er aber wollte keine neue Kirche begründen. So zog er es vor, einfach Zeuge der Realität des Geistes zu sein.

Auch Steiner wollte keine neue Kirche begründen. Aber er entschied sich, in konkretem Detail über geistige Bezüge zu sprechen und das ganz öffentlich vor aller Welt zu tun. Damit vergrößerte er seine Sorge, seine Schwierigkeiten und nahm eine gewaltige Last auf sich. Als Folge von diesem Entschluß gibt es heute Järna und Park Attwood, die Weleda und Emerson College, Hunderte von Steiner-Schulen über die ganze Erde hin und Camphill. Dadurch können wir auch heute noch einen entscheidenden Beitrag zur Geschichte unseres schwer geprüften Planeten leisten.

Steiner verkehrte mit geistigen Wesen. Rudolf Grosse weist darauf hin: «Die geistige Welt spricht nicht deutsch.» Die Aufgabe der Übersetzung des Weltenwortes in seinen verschiedenen Abstufungen in die deutsche Sprache der ersten zwanzig Jahre dieses Jahrhunderts fiel Rudolf Steiner zu, einem Menschen, der zwar nicht allen, aber doch manchen Beschränkungen eines Erdenmenschen unterworfen war. Die «Tatsachen», die er entdeckt, sagt er am 5. März 1912 in Berlin, sind geistiger Art, aber «die logischen Formen» werden erst «nachher gegeben...»[42] Dieser fundamentale Unterschied wird uns in einer längeren Stelle eines Dornacher Vortrags vom 7. September 1922 klargemacht, in der er über Imaginationen spricht und über die präzisen Worte, in die er sie kleidet.

Der Geistesforscher, der seine Erfahrungen in Worten ausdrücken möchte, braucht einen geeigneten Wortschatz und hinreichende Begriffe. Diese waren nicht leicht zu finden. Die Schwierigkeit aber liegt noch tiefer, «weil die Sprache zu ohnmächtig ist, um die Vielgestaltigkeit der Impulse der Wirklichkeit tatsächlich zum Ausdrucke zu bringen»[43]. Er beschreibt diese Schwierigkeit den Arbeitern am Goetheanum und fügt dann hinzu: «Und nachher... kriegt man erst recht Angst, daß» die Worte «eigentlich nicht das Richtige bezeichnet haben.»[44] Die Schwierigkeit wächst noch, wenn er über den Christus sprechen will.[45] «... wir leiden doch alle darunter, daß wir für Vorstellungen, die wir neu prägen, schon geprägte Worte anwenden müssen», schreibt er schon in einem Brief vom 2. Oktober 1902 an einen Schriftsteller, Wolfgang Kirchbach.[46] Solche Begriffe, die über eine lange Zeit geprägt und verdichtet worden sind, wirken auf Steiner wie Fesseln.[47] Auch seine Grammatik muß biegsamer und weniger pedantisch werden.[48] Zwei letzte Zitate müssen uns genügen. Am 20. Februar 1917 spricht er in Berlin über den Vatergott, das «Wesen, das der Mensch stammelnd, ahnend ausdrückt, wenn er von dem Vater der Weltenordnung spricht»[49]. Und am 10. Dezember 1913 sagt er in München während er über «Das Fünfte Evangelium» spricht, daß okkulte Vorstellungen nicht in kalter Objektivität empfangen werden können. Sie drücken tiefe kosmische Geheimnisse aus, vor denen man in Ehrfurcht steht. «Daher ist es so schwierig, die Worte in solche Entfernung zu bringen von den... okkulten Wahrnehmungen,... daß man nicht zu verstummen braucht, sondern das erschütternde Forschungsergebnis... in Worte der gewöhnlichen Umgangssprache pressen kann.»[50]

So ist es nicht überraschend, wenn angesichts dieser gewaltigen Schwierigkeiten Steiner immer wieder Redewendungen anwendet wie: «ich kann das nur andeuten», «ich kann darauf nur hinweisen» oder «in stammelnden Worten der Menschensprache».

Steiner kennt zwei verschiedene Vortragsweisen: Beschreibung und Erklärung. Wir haben gezeigt, daß die erste Form am stärksten in der «neuen» Anthroposophie von 1923 bis 1925 und im «Fünften Evangelium» zu finden ist. Da versucht er, der Wissenschaftler, zuerst einmal nur «Tatsachen» zu beschreiben. «... mit Ausschluß jeder persönlichen Meinung... muß einfach die Tatsachenfolge erzählt werden...»[51] Aus diesen Tatsachenfolgen mögen verschiedene Menschen Verschiedenes herauslesen. Das verträgt sich mit dem Zeitalter der Bewußtseinsseele. Will Steiner aber nicht nur beschreiben, dann braucht er eben – das wurde schon kurz gesagt – adäquate Begriffe. Diese Begriffe sind entweder das Resultat seiner Erziehung oder Neuschöpfungen wie zum Beispiel «Bewußtseinsseele». Steiner sagt, daß die Erziehung, die er genossen hat, oft ein Hindernis für den präzisen Ausdruck seiner Erlebnisse ist, und in Oslo weist er am 2. Oktober 1912 auf seinen Mangel an Kenntnissen des historischen Christentums hin. Deshalb hat das Wort «Andeutung», wenn er über das «Fünfte Evangelium» spricht, «eine noch viel schwerere und weitere Bedeutung».[52]

Es wird nicht leichter, wenn er seine eigenen Ausdrücke gebraucht. Während der Weihnachtstagung spricht er über die menschliche Organisation. Um sie beschreiben zu können, spricht er «zunächst» über die vier Wesensglieder. Dann aber heißt es: «Gut, das sind ja zunächst Worte. Es ist gut, wenn man bei diesen Worten anfängt; ein bißchen etwas kann jeder sich darunter vorstellen.»[53]

Das Problem des Ausdrucks und der Begriffe, deren wir uns bedienen, bedarf einer weiteren Untersuchung. Manche von uns kennen vielleicht einen Freund, der gewohnt ist, Menschen vom Standpunkt der vier Temperamente aus zu betrachten und zu erleben. Er hat gelernt, menschliche Verhaltensweisen und physische Eigenheiten so zu «lesen», daß sie ihm einen Aufschluß über die betreffende Inkarnation geben. «Temperament» wirkt dann wie eine farbige Brille. Manche Züge stehen jetzt ganz profiliert vor Augen, manches andere wird aber überhaupt nicht gesehen. Nehmen wir an, unser Freund setzt sich andere Gläser auf, das heißt er arbeitet jetzt mit anderen Begriffen, sagen wir mit den Qualitäten der Planeten und des Tierkreises. Da werden dann plötzlich die Menschen, denen er begegnet, ganz anders wahrgenommen. Die Welt der Phänomene erscheint in einem andern Licht, je nach den Begriffen, die uns zur Verfügung stehen.

Eine weitere Zusammenfassung

Rudolf Steiner macht es sich zur Aufgabe, das Unsagbare in Menschenworte zu kleiden. Er mußte unter der Unvollkommenheit der Worte und Begriffe, die ihm zur Verfügung standen, leiden. So ist es nicht überraschend, daß er ständig bemüht war, Worte und Begriffe immer neu zu formen. Oft schauen wir mit Bewunderung und Freude auf eine Neufassung scheinbar vertrauter geistiger Gegebenheiten, der wir plötzlich gegenüberstehen. Wir lernen, die Kürze der Zeit zu schätzen, in der es Steiner gelang, sich von der Sprache der Theosophen zu befreien. Englisch sprechende Menschen – und nicht nur sie – werden den besonderen «Geschmack» seiner Vorträge in England und Wales mit Freude aufnehmen. Viele werden die unakademische Art lieben, in der er zu den Arbeitern am Goetheanum spricht. Seinen Wiener Zuhörern sagt er am 21. März 1910: «Nicht so sehr soll dieses Mal in der Darstellung von irgendwelchen... wie Dogmen sich ausnehmenden Begriffen und Ideen ausgegangen werden, sondern es soll in möglichst einfacher Weise zuerst Bezug genommen werden auf dasjenige, was jeder Mensch als etwas auch dem gewöhnlichen Leben Naheliegendes empfinden muß.»[54] Erst durch solche Betrachtungen erleben wir die Vielfalt der Manifestationen von Steiners Einsichten. Die größte Menge der Vorträge ist natürlich für eine deutsche Zuhörerschaft gestaltet, deren intellektuelle Kultur ganz besonders war. Aber, wie wir schon gesehen haben, war Steiner nicht immer ganz glücklich über die Art, wie sich Anthroposophie dort darlebte.

Ein anderes Licht auf die verschiedenen Arten, in denen Steiner seinen Zuhörern begegnete, strahlt der zehnte Vortrag des Zyklus «Makrokosmos und Mikrokosmos» aus. Es gab einmal, so sagt er dort, eine Logik des Herzens. Die wurde von der Logik des Hauptes abgelöst, aber die Zukunft wird uns eine neue Herzenslogik bringen.[55] Vierzehn Jahre später ist es so weit. In den Michaelsbriefen schreibt er freudevoll: «Die Herzen beginnen, Gedanken zu haben.»[56] Der Wiener Vortrag enthält noch eine andere wichtige Mitteilung, die wir Anthroposophen – die große Ausnahme war wieder Friedrich Rittelmeyer – vielleicht zu wenig beachten. Der Geistesforscher, so heißt es dort – mit anderen Worten: ich, Rudolf Steiner –, ist nicht ständig hellsichtig. Er verfügt über eine gewisse Fähigkeit, deren er sich bedient, wenn er seine geistigen Forschungen anstellt. Das bedeutet aber, daß nicht alles, was Steiner uns sagt, Resultat der Geistesforschung ist, sondern die Folge einer bestimmten irdischen Inkarnation, ein Produkt der Kultur, in der er sein Leben gelebt hat.

Die Anthroposophie ist also keineswegs eine Doktrin, ein systematisches Lehrgebäude, sie ist eine Gabe Rudolf Steiners an Einzelmenschen und Menschengruppen innerhalb der europäischen Geschichte des zwanzigsten Jahrhunderts. Oft entsprangen die Inhalte seiner Vorträge den unausgesprochenen Bedürfnissen seiner Zuhörer oder ihren direkten Fragen, oft entstanden sie aus den geistigen und irdischen Nöten seiner Zeit. Diese Aussagen wurden uns von einem der größten Menschen gegeben, die je auf dieser Erde Fuß faßten, möglicherweise von dem größten Eingeweihten, der mit uns durch die Erdenentwicklung schreitet, aber auch von einem, der wußte, daß er ständig im Wachsen war und daß daher seine Aussagen in ständig fortschreitender Entwicklung waren. Seine Ergebnisse müssen voneinander abweichen, denn sie beruhen auf geistiger Erkenntnis, das heißt auf inneren Beziehungen zu vielen und mannigfaltigen Wesen. Dann aber mußten diese Ergebnisse in einer Menschensprache geformt werden, die ganz anderen Zwecken diente, und er mußte Begriffe benutzen, die vor drei Generationen in Mitteleuropa gebräuchlich waren. Die Resultate seiner Geistesforschung gab Rudolf Steiner seinen Freunden in vollster Freiheit. Sie konnten sie gebrauchen, mißbrauchen oder vernachlässigen, sie als kostbaren Schatz bewahren, sie in den verschiedensten Lebenssituationen anwenden und prüfen, an ihnen wachsen und durch sie verwandelt werden. Der diese Gaben uns schenkte, wollte uns mit des Kosmos Feuer entzünden, so daß wir uns selbst finden und bescheiden und frei den Pfad der Verwandlung beschreiten. Er lehnte es ab, unser Guru zu werden und einen gemeinsamen Glauben oder eine gemeinsame Lebensweise zu stiften.

Ein Blick auf die Gegenwart

Rudolf Steiner erwartete von seinen Schülern, daß sie auf dem Gebiet der Anthroposophie schöpferisch werden und authentisch wirken würden, das heißt ihre Aussagen über

Anthroposophie auf ihre eigenen Erlebnisse gründen würden und nicht ständig auf Zitate. Er beklagt es, daß die Lehrer der Waldorfschule seine grundlegenden Bücher nicht für die neue Generation neu geschrieben haben. Heute ist diese «junge Generation» in den Achtzigerjahren. Dem Verfasser ist nicht bekannt, daß solche Bücher geschrieben worden sind, und er ist überzeugt, daß viele Freunde einen solchen Versuch als Sakrileg ansehen würden.[57]

Zu oft hängen wir an der Tradition und am Buchstaben, und das ist leider auch das Bild, das die Öffentlichkeit von uns – zu einem Teil wenigstens – hat. Vor ein paar Jahren wandte sich ein Funktionär der britischen Steiner Schools Fellowship an ein Mitglied des House of Lords, das in einer der Parteien für Schulfragen zuständig war. Der Mann war wirklich interessiert, aber seine erste Frage war – und ich zitiere im Wortlaut –: «Do you still say ‹der Doktor hat gesagt› or are you moving and developing?»

Natürlich versteht man, wieso wir Traditionalisten geworden sind. Die Kluft, die uns von Steiner und seinen Einsichten trennt, ist ungeheuer und ehrfurchtgebietend. Aber vergessen wir doch nicht, was Steiner von uns erwartet hat. Es gibt eine Tendenz unter uns, jede von Steiners Aussagen wörtlich zu nehmen, als wäre sie in Granit gehauen. Sollten wir uns nicht vielmehr fragen: Was ist es denn, das er mit diesen Worten uns nahebringen will? Was sind die dahinterstehenden Intentionen? Zu wem hat er gesprochen? Was waren die zeitlichen Gegebenheiten? Manchmal wird die Anthroposophie wie eine akademische Wissenschaft behandelt, und der Fachmann kann im Nu die größte Anzahl von Stellen aus dem Gesamtwerk zitieren. Vielleicht zitieren wir, besonders schriftlich, «GA 111, S. 122» und löschen damit die Wirklichkeit, den Bezug auf Ort, Zeit und Menschengruppe aus. So kommt es dann, daß die «geistige Welt» als etwas «dort oben» vorgestellt wird. Sie wird zu einem Ding gemacht.

Steiner wollte es anders. Er warnt vor Reifikation, Buchstabengläubigkeit und theoretischer Spekulation. «...wir dürfen nicht verwechseln» die «Bilder, in denen wir uns notwendigerweise ausdrücken müssen, mit den Realitäten»[58], heißt es am 20. August 1920 in Dornach, und am 28. März 1913 beklagt er sich in Den Haag: Er selber spricht über tief okkulte Bezüge, aber «daß dann die Theoretiker kommen und dann alle möglichen Schemas und Theorien erfinden: die Dinge werden ausgebaut»[59].

Einige Vorschläge

Wie kann man diesem Theoretisieren entgehen? Wir wollen ein paar Vorschläge machen, müssen aber immer betonen, daß sie dem Erleben eines einzelnen entstammen und daher auch nur bei einzelnen eine positive Reaktion finden können. Wir wollen vom Einfachsten ausgehen, von der Art, wie der einzelne mit der Sprache umgeht. Wenn wir mit ihr kritisch und ehrlich umgehen, werden wir uns hüten, in die traditionelle Sprechweise des Anthroposophen zu verfallen, sondern wir werden «wahr» sprechen, das heißt mit unseren eigenen Worten. Von Zeit zu Zeit kann man eine Redensart hören wie: «Wir wissen aus der Geheimwissenschaft...» Aber wissen wir es wirklich? Oft glauben wir es eben, weil Rudolf Steiner es gesagt hat! Was wissen wir in Wirklichkeit? Was wir vorgeburtlich in der Michaelschule in uns haben aufnehmen dürfen. Das liegt in unseren Seelentiefen und erwacht zum Leben, wenn wir

Steiners Worte lesen oder hören. «Wie kann dieser Mensch das, was dunkel und dumpf als tiefste Überzeugung in mir lebt, in so wunderbar klare Worte fassen?» ist unsere freudige und überraschte Antwort. Für manche andere Angaben Rudolf Steiners brauchen wir nur unseren gesunden und vorurteilsfreien – also unverbildeten – Menschenverstand.

Wir können unseren wirklichen Wissensbereich ständig erweitern durch das, was Rudolf Steiner «Erkenntnis» nennt. Da handelt es sich aber nicht um abstraktes Denken, sondern um eine Dynamik des Denkens, die zuinnerst mit Kontemplation und Meditation verbunden ist und direkt zu diesen hinführt. «Die Herzen beginnen, Gedanken zu haben.» Die geprägte Antwort tötet, außer sie wird so gegeben, daß sie weiteres Erkenntnisstreben anregt. «Eines aber geht der Erkenntnis voraus, was für die Seele einen unendlich höheren Wert hat als die Erkenntnis selbst... das Verwundern oder das Erstaunen. Sind wir zum Erkennen gekommen, dann ist eigentlich schon vorbei, was in der Seele Wert hat.»[60] Von Erkenntnissen, die uns zutiefst berührt haben, mit denen wir durch Jahre hindurch gelebt haben, dürfen wir authentisch sprechen, das heißt in unseren eigenen Worten und mit dem Gewicht unserer geistigen Individualität. Das abstrakte Wissen stempelt uns zum Sektierer, zum Mitglied einer kleinen Glaubensgemeinschaft.

Zur Authentizität kommt noch eine zweite Qualität hinzu: Verantwortlichkeit. Wie weit habe ich mich wirklich mit Steiners Intentionen verbunden? Was hat er tatsächlich gemeint und gewollt? Würde er zwei Generationen später ebenso sprechen? Oder verwenden wir seine Worte einfach aus Gewohnheit, ohne sie zu überprüfen?

Der Verfasser möchte als Beispiel den Ausdruck «Mitteleuropa» wählen. Im Jahr 1990 nahm er in Wien an einem

Gespräch in einer kleinen Gruppe von Anthroposophen teil. Ein deutscher Freund war auf Besuch gekommen. Er erwähnte das Wort «Mitteleuropa» und nach einer kurzen Pause fügte er hinzu «und auch Österreich». Es wurde dadurch klar, daß für ihn «Mitteleuropa» mit der Bundesrepublik identisch war. Für den Verfasser ergaben sich sofort eine Reihe von Fragen: Was meint denn Steiner mit diesem Ausdruck, einen geographischen Raum, eine Kultur, beides? Welchen Raum? Welche Kultur? Inwieweit kann man sagen, daß sich in der tatsächlich bestehenden Bundesrepublik, wenn wir die Anthroposophen ausschließen, mit dem Mitteleuropa, das Steiner vor zwei Generationen im Sinn gehabt hat, irgendein Begriff verbindet? Gibt es vielleicht andere Gebiete, in denen der Begriff Mitteleuropa noch lebendige Realität ist? Und wäre das der Fall, müßte man fragen, was meinen jene Leute mit diesem Begriff? Solche Fragen könnten uns beschäftigen, bevor wir diesen Begriff der Gewohnheit nach gebrauchen.

Leider ist es heute aber nicht genug, als Anthroposoph authentisch und verantwortlich zu sein. Daß wir unbedingt auch Menschen unserer Gegenwart sein müssen, wird einem vielleicht in der englischsprechenden Welt leichter klar.

Eine mögliche Zukunft

Wir haben gesehen, welche Last Steiner auf sich genommen hat, indem er geistige Erfahrungen in eine Menschensprache übersetzte und in gängige Begriffe kleidete. Heute muß klar gesagt werden, daß diese Begriffe einer vergangenen Zeit und einer begrenzten Kultur entsprangen. Inzwischen lebt Anthroposophie über die ganze Erde hin, und die Menschheit um 2000 lebt mit ganz anderen Gefühlen und Gedanken als ihre Großeltern. Was Rudolf Steiner der Menschheit gegeben hat, ist heute, wo die alten Traditionen zusammengebrochen sind und die Anzahl der Menschen mit eigenen geistigen Erlebnissen im ständigen Wachsen ist, noch viel relevanter als in den Jahren vor den großen Erschütterungen, die 1914 begannen. Für deutsche Leser wird die Distanz der Sprache, die sie sprechen, zu der der Schriften Rudolf Steiners immer größer. Die Tragik ist, daß der deutsche Idealismus, einer der wesentlichen Bezugspunkte Steiners, selbst im deutschen Sprachraum in Vergessenheit geraten ist. Vor kurzer Zeit hatte der Verfasser ein sehr lebendiges Gespräch mit einer Gruppe von Erziehern in Hamborn. «Wer ist denn dieser Kerl Fichte, von dem Anthroposophen so gern reden?» fragte einer, und die anderen stimmten lachend zu. Eine solche Haltung bedeutet: Für uns ist dieser Bezug unwichtig! Warum können die Anthroposophen sich nicht in unserer Welt bewegen? Diese jungen Menschen können mit Computern umgehen, aber von Plato wissen sie nichts. Sie haben von soziologischen Strukturen gehört und von galaktischen Dimensionen, aber wenig von Goethe und nichts von Dante. Bald wird die Kluft zwischen ihrem Wissen und dem, welches Steiner bei seinen Zuhörern voraussetzen durfte, unüberbrückbar sein. Das bedeutet aber, daß es uns obliegt, das, was Steiner uns gegeben hat, in Begriffe zu kleiden, die Menschen des einundzwanzigsten Jahrhunderts verständlich sind. Auf manchen Gebieten wird das nicht leicht sein. Auf anderen wird es Möglichkeiten geben, an die wir noch gar nicht gedacht haben.

Zuerst ein ganz einfaches Beispiel: Schon in den dreißiger Jahren wies Ernst Gabert darauf hin, daß Steiner zwar sagt, das Kleinkind lerne durch Nachahmung, daß dieser Ausdruck aber die tatsächliche Situation nur ungenau beschreibt. Denn zur Nachahmung braucht man ein klares, waches Beobachterbewußtsein. Seit den fünfziger Jahren gibt es nun ein Wort, das sehr gut ausdrückt, was Steiner im Sinn hatte. Wir verdanken es Carl Rogers, einem amerikanischen Psychologen. Das Wort heißt «empathy».

Ein ernstes Problem bilden verschiedene Aussagen Steiners über die menschlichen Rassen. In Holland gab es öffentliche Angriffe auf Steiner, den «Rassisten», und auch in London wurden die beiden Steiner-Schulen aus demselben Grund angegriffen. Ebenso wurden in Australien schwere Angriffe gegen Steiner geführt. Vielleicht können die Gedanken dieser kleinen Schrift helfen, die Sachlage richtig einzuschätzen und eine Möglichkeit für die Zukunft vorzuschlagen.

Anfang des zwanzigsten Jahrhunderts war die Vererbungsfrage im allgemeinen Bewußtsein, und der Ausdruck «Rasse» wurde viel gebraucht, ohne je wissenschaftlich definiert worden zu sein. In der Sprache der Theosophen fand Steiner den Ausdruck «Wurzelrasse» schon vor. Diese Terminologie übernahm er, wenn er den Einfluß planetarischer Gewalten auf bestimmte Menschengruppen zeigen wollte.

Heute ist die Situation vollkommen anders. Kultur und biologische Vererbungsmerkmale werden differenziert betrachtet, und der Begriff «Rasse» hat in der Wissenschaft keine Bedeutung mehr. Denn es lassen sich keine «reinen» Rassen definieren. Natürlich gibt es Merkmale, die von Vater und Mutter auf ihre Kinder übergehen: Hautfarbe, Blutgruppe, Behaarung, das Verhältnis von Länge zu Breite des Schädels. Es gibt aber keine Menschengruppe, die einheitlich dieselbe Blutgruppe, dieselbe Hautfarbe, denselben kephalischen Index und so weiter gemeinsam hat.

Entscheidender ist die Tatsache, daß seit Steiners Tod entsetzliche Verbrechen im Namen der Rasse und der Rassenreinheit begangen worden sind, in Südafrika durch die Apartheid, in Europa durch den Holocaust mit dem Resultat, daß es heute vielen Menschen einfach unmöglich ist, Rassenunterschiede in Ruhe zu diskutieren. Man kann unter diesen Umständen darauf verzichten, auf Rassenfragen einzugehen, und das scheint auch im deutschen Sprachraum geschehen zu sein. Das wäre ganz in Übereinstimmung mit Steiners Intentionen, der aus den Herzen seiner Zuhörer gesprochen hat und auf Fragen der Sexualität nicht eingegangen ist, weil das die Astralität seiner Zuhörer überfordert hätte.

Wäre der Verfasser aber in einer Lage, die es notwendig machte, diesen Komplex zu diskutieren, so würde er zuerst auf den Unterschied zwischen dem Reich des Vaters und dem des Sohnes eingehen. Im Reich des Vaters wirken kosmisch-planetarische Gewalten. Dann würde er über Steiners Art sprechen, während eines Vortrags in lebendigem Kontakt mit den Gefühlen seiner Zuhörer zu bleiben, das heißt in diesem Fall ihre Vorurteile und Überheblichkeiten als gegeben hinzunehmen. Schließlich würde er sich bemühen zu zeigen, wie es gerade in Westeuropa zur Geburt der Bewußtseinsseele kam und daß ein weiterer Fortschritt der Menschheit nur auf dieser Basis möglich ist.

Dann würde er sich dem Reich des Sohnes zuwenden, dem Reich der menschlichen Freiheit und der sozialen Neugestaltung. Da würde er sich auf den Berner Vortrag vom 9. Januar 1916 berufen. So wie der Mensch in seinen verschiedenen Lebensaltern im Bereich verschiedener planetarischer Kräfte lebt, so hätte die Menschheit in aufeinander folgenden Inkarnationen gemeinsam durch die verschiedenen Rassen durchgehen sollen. Daß das nicht so gekommen ist, ist dem Wirken der Widersachermächte zuzuschreiben. Indem wir den Christusimpuls in uns verwirklichen, helfen wir, die Einheit der Menschheit wieder herzustellen. Wir bemerken, daß der Drang zur Einheit des Menschengeschlechts heute ganz stark unter jungen Menschen lebt. Steiner fährt fort, und seine Worte sind prophetisch und tief ergreifend:

«Aber man wird sich auch damit abfinden müssen, daß noch viele Rückschläge gegen diese geistige Erfassung des Christus-Impulses kommen. Dasjenige, was statt nacheinander nebeneinander aufgetreten ist, wird noch lange, lange auf der Erde Kräfte entfachen, die gegen eine geistige Erfassung der Menschheitsgleichheit über die ganze Erde hin ankämpfen. Das wird noch viele, viele furchtbare Stürme geben, und zum großen Teil haben diese Stürme den Sinn, den luziferisch-ahrimanischen Kampf fortzusetzen gegen den Christus-Impuls. Und es wird eine der größten, eine der schönsten, der bedeutendsten Errungenschaften sein, wenn wir schon in unserer Zeit wenigstens ein kleines Häuflein von Menschen sein können, die Verständnis für diesen Vereinheitlichungsgedanken der ganzen Menschheit haben, Verständnis dafür, wie luziferisch-ahrimanische Zurückgebliebenheiten auf der Erde Spezielles erstreben in einzelnen Menschengruppen mit Ausschluß anderer Menschengruppen. Es ist wirklich schwierig, heute schon ein letztes Wort über diese Dinge zu sagen. Ein letztes Wort über diese Dinge gesprochen, würde heute, so wie die Menschenherzen einmal sind, eher aufreizend, eher bestürzend wirken, eher Widerstand, vielleicht sogar Haß und Schmähung herausfordern, als daß es im Sinne des Christus-Impulses wirkte. Aber so viel eben gesagt werden kann über dieses Prinzip im Christus-Impuls, das die Errettung der Menschheit aus der leiblichen Zersplitterung in

die geistige Vereinheitlichung hinein ist, das muß ausgesprochen werden, denn das muß wirksam und immer wirksamer werden innerhalb der Menschheitsentwickelung. Ruhig und mutig muß man entgegengehen können der Vermannigfaltigung der Menschennatur, weil man weiß, man kann in alle die menschlichen Verschiedenheiten hinein ein Wort tragen, das nicht nur ein Wort des Sprechens, sondern das ein Wort der Kraft ist. Mögen Gruppen, die sich gegenseitig bekämpfen, innerhalb des Erdendaseins auftreten, mögen wir der einen oder der andern dieser Gruppen angehören, wissen können wir, daß wir in jede der Gruppen etwas hineintragen können, was sprechen darf: ‹Nicht ich, sondern der Christus in mir›, und das, was der ‹Christus in mir› ist, das bewirkt keine Gruppierungen, das bewirkt, daß die Glorie des Menschennamens über die ganze Erde hin sich wirklich ausbreiten kann.»[61]

Daß Rudolf Steiner hier auch seine eigenen Intentionen ausspricht, bezeugen die «Statuten», die er der Anthroposophischen Gesellschaft gegeben hat. In diesem Fall sind wir in der Lage, einen zeitgemäßen Zugang zu einer Frage zu finden, einen Zugang, der sich aus dem Werk Steiners belegen läßt. Der Verfasser aber hält es für wichtig, daß wir den Mut und die Verantwortlichkeit finden, dasselbe zu tun, wo wir keine Zitate zur Verfügung haben. In einem solchen Fall würde er das zweite der Worte betonen, mit denen er eine zeitgemäße Form der Anthroposophie charakterisieren würde: authentisch, verantwortungsvoll, zeitgemäß.

An dieser Stelle möchte er auch erwähnen, daß unter den heutigen Umständen die jetzige Form der Rudolf Steiner Gesamtausgabe unzureichend sein kann. Er hofft, daß die Bände in Zukunft mit einer wissenschaftlich-kritischen Einleitung und mit bedeutend mehr und gründlicheren Anmerkungen ausgestattet werden, als es heute möglich ist. (Selbstverständlich bedeutet dieser Gesichtspunkt keinerlei Kritik an der nicht hoch genug einzuschätzenden Herausgebertätigkeit der Rudolf Steiner Nachlaßverwaltung.)

Das letzte Beispiel möge zeigen, daß wir am Ende des Jahrhunderts Möglichkeiten haben, die für Steiners Zeitgenossen einfach noch nicht bestanden haben. Leider macht es der Umfang dieser Schrift nicht möglich, die betreffende Frage in Einzelheiten zu behandeln. Im September 1919 gab Rudolf Steiner den Gründungslehrern der Waldorfschule, die er selber ausgewählt hatte, drei gleichzeitig laufende Kurse. In zwei Vorträgen des sogenannten methodisch-didaktischen Kurses spricht er über den Sprachunterricht. Seine Bemerkungen sind ungewöhnlich und nicht leicht zu verstehen. Immer wieder wird sein Ausdruck esoterisch, voll höchster Geistigkeit. Manchmal klingt die Sprache hieratisch, zumindest dichterisch. Diese Bemerkungen können in ihrer Gesamtheit die Grundlage für ein neues Sprachverständnis und für einen neuen Sprachunterricht geben. Und so waren sie ja auch gemeint.

Tatsache aber ist, daß wenig von diesen Inhalten in die Praxis der Steiner-Schulen eingeflossen ist. So erhebt sich die Frage: Haben diese auserlesenen Menschen Steiner nicht verstanden? So scheint es zu sein. Nach ein paar Monaten läßt Steiner die Lehrer der neuen Schule wissen, daß er ihnen wieder einen kleineren Kurs geben kann und fragt, worüber er sprechen soll. Sie wählen das Gebiet der Sprache. Steiner gibt ihnen jetzt einen Kurs, den sie verstehen können. Er enthält aber keine neuen Einsichten. Er fährt nicht mit dem fort, was er vier Monate vorher begonnen hatte. Es scheint, daß die Bildung, die die ersten Waldorflehrer erhalten hatten, die historisch-romantische Anschauung der Sprache betont hat. Auf diese bezieht sich Steiner während des ganzen zweiten Kurses.

Heute fällt es uns nicht schwer, Steiners ursprüngliche Bemerkungen zu verstehen. Denn inzwischen hat die Linguistik, besonders die amerikanische, große Fortschritte gemacht und verfügt über ein Tatsachenmaterial, das weit über das von 1919 hinausgeht. Diese neuen Einsichten machen es möglich zu zeigen, wie im Spracherwerb des Kindes geistige Wesen mit im Spiel sind. Das Weltenwort und die Genien der einzelnen Sprachen formen uns.

Rückblick

Rudolf Steiner hat nie für sich Unfehlbarkeit oder Allwissen beansprucht. Im Gegenteil: er hat gezeigt, wie er in ständigem Fortschreiten war. Er machte uns klar, daß sein Versuch, das Unsagbare auszusprechen, für ihn eine gewaltige Last war. Er mußte die Begriffe seiner Zeit gebrauchen, von denen manche heute unhaltbar sind. Erst in seiner letzten Lebensphase durfte er über seine eigentlichen Intentionen sprechen.

Für Menschen, denen des Verfassers Art, Anthroposophie zu treiben, befremdend ist, seien noch zwei Bemerkungen hinzugefügt.

Anthroposophie ist für Menschen jeder Art da, nicht nur für hervorragende Denker. Steiner macht es ganz klar, daß nicht alle von uns tätig sein wollende Mitglieder sein wollen oder können. Innerhalb unserer Gesellschaft gibt es einen gesicherten Platz für die Freunde, die sich von der Anthroposophie Trost und Sicherheit erwarten. Es gibt aber auch andere Freunde, deren Aufgabe es sein könnte, Anthroposophie mit immer neuem Leben zu erfüllen. Sie werden vielleicht die Aufgabe ergreifen, Anthroposophie in Begriffe zu kleiden, die nicht mehr der Zeit Wilhelms II. entstammen.

Schon in den ersten Zeilen wurde gesagt, daß hier kein Anspruch gemacht wird, die «Wahrheit» gefunden zu haben. Im Haus der Anthroposophie gibt es viele Wohnungen. Die hier geschilderte Art will sich von der Tradition der Theosophen distanzieren und ein größeres Gewicht, als das manchmal der Fall ist, auf eine Anthroposophie des Willens legen, auf eine Anthroposophie karmischer Intentionen, in denen die Herzen zu sprechen beginnen.

«Ich möchte jeden Menschen
Aus des Kosmos' Geist entzünden,
Daß er Flamme werde
Und feurig seines Wesens
Wesen entfalte. –
Die andern, sie möchten
Aus des Kosmos' Wasser nehmen,
Was die Flammen verlöscht
Und wäss'rig alles Wesen
Im Innern lähmt. –
O Freude, wenn die Menschenflamme
Lodert auch da, wo sie ruht! –
O Bitternis, wenn das Menschending
Gebunden wird da, wo es regsam sein möchte.»[62]

Anmerkungen

1 Walter Johannes Stein/Rudolf Steiner, Dokumentation, Dornach 1985.
2 Rudolf Steiner, Geisteswissenschaft und soziale Frage, in: Lucifer-Gnosis, GA 34, 1987.
3 Ders., Aus der Akasha-Forschung. Das Fünfte Evangelium, GA 148, 1985, Vortrag vom 6. Januar 1914 in Berlin.
4 Ders., Notwendigkeit und Freiheit im Weltgeschehen und im menschlichen Handeln, GA 166, 1982, Vortrag vom 25. Januar 1916 in Berlin.
5 Ders., Inneres Wesen des Menschen und Leben zwischen Tod und neuer Geburt, GA 153, 1978, Vortrag vom 12. April 1914 in Wien.
6 Ders., Esoterische Betrachtungen karmischer Zusammenhänge. Sechster Band, GA 240, 1986, Vortrag vom 14. August 1924 in Torquay.
7 Ders., Welche Bedeutung hat die okkulte Entwickelung des Menschen für seine Hüllen – physischer Leib, Ätherleib, Astralleib – und sein Selbst? GA 145, 1986, Vortrag vom 26. März 1913 in Den Haag.
8 Ders., Die geistigen Hintergründe des Ersten Weltkrieges, GA 174b, 1974, Vortrag vom 13. Februar 1915 in Stuttgart.
9 Ders., Anthroposophie. Eine Zusammenfassung nach einundzwanzig Jahren, GA 234, 1981, Vortrag vom 19. Januar 1924 in Dornach.
10 Ders., Briefe II, Dornach 1953, Brief vom 16. August 1902.
11 Ders., Wahrspruchworte, GA 40, 1986.
12 Ders., Esoterische Betrachtungen karmischer Zusammenhänge. Sechster Band, a. a. O., Vortrag vom 24. August 1924 in London.
13 Ebenda.
14 Ebenda. Vortrag vom 14. August 1924.
15 Ders., Gegensätze in der Menschheitsentwickelung. West und Ost – Materialismus und Mystik – Wissen und Glauben, GA 197, 1986, Vortrag vom 24. Juni 1920 in Stuttgart.
16 Ders., Erziehung und Unterricht aus Menschenerkenntnis, GA 302a, 1983, zweiter Vortrag vom 16. Oktober 1923 in Stuttgart.
17 Ders., Lebendiges Naturerkennen. Intellektueller Sündenfall und spirituelle Sündenerhebung, GA 220, 1982, Vortrag vom 21. Januar 1923 in Dornach.
18 Ders., Die soziale Grundforderung unserer Zeit – In geänderter

Zeitlage, GA 186, 1979, Vortrag vom 15. Dezember 1918 in Dornach.
19 Ders., Lebendiges Naturerkennen, a. a. O., Vortrag vom 20. Januar 1923 in Dornach.
20 Ders., Anthroposophische Gemeinschaftsbildung, GA 257, 1989, Vortrag vom 2. März 1923 in Dornach.
21 Ernst Lehrs, Gelebte Erwartung, Stuttgart 1979, S. 133.
22 Rudolf Steiner, Aus der Akasha-Chronik, GA 11, 1986, Vorwort.
23 Ders., Von Jesus zu Christus, GA 131, 1988, Vortrag vom 14. Oktober 1911 in Karlsruhe.
24 Ebenda. Vortrag vom 8. Oktober 1911 in Karlsruhe.
25 Ders., Das Johannes-Evangelium, GA 103, 1981, Vortrag vom 19. Mai 1908 in Hamburg.
26 Ders., Die Philosophie, Kosmologie und Religion in der Anthroposophie, GA 215, 1980, Vortrag vom 11. September 1922 in Dornach.
27 Ders., Geisteswissenschaft als Erkenntnis der Grundimpulse sozialer Gestaltung, GA 199, 1985, Vortrag vom 20. August 1920 in Dornach.
28 Ders., Aus der Akasha-Forschung. Das Fünfte Evangelium, a. a. O., Vortrag vom 3. Oktober 1913 in Kristiania.
29 Ders., Okkulte Untersuchungen über das Leben zwischen Tod und neuer Geburt, GA 140, 1980, Vortrag vom 2. März 1913 in Frankfurt.
30 Ders., Die Stufen der höheren Erkenntnis, GA 12, 1979, Die Inspiration.
31 Diese Äußerung Rudolf Steiners ist belegt, wenn auch die Quelle noch nicht aufgefunden werden konnte.
32 Ders., Die geistigen Hintergründe des Ersten Weltkrieges, a. a. O., Vortrag vom 13. Mai 1917 in Stuttgart.
33 Ders., Aus der Akasha-Forschung. Das Fünfte Evangelium, a. a. O., Vortrag vom 10. Dezember 1913 in München.
34 Ders., Erfahrungen des Übersinnlichen. Die Wege der Seele zu Christus, GA 143, 1983, Vortrag vom 16. Mai 1912 in München.
35 Ders., Aus der Akasha-Forschung. Das Fünfte Evangelium, a. a. O., Vortrag vom 10. Dezember 1913.
36 Ders., Welche Bedeutung hat die okkulte Entwickelung des Menschen für seine Hüllen – physischer Leib, Ätherleib, Astralleib – und sein Selbst? a. a. O., Vortrag vom 28. März 1913 in Den Haag.
37 Ders., Vorstufen zum Mysterium von Golgatha, GA 152, 1980, Vortrag vom 2. Mai 1913 in London.

38 Andrej Belyj, Verwandeln des Lebens, Basel 1975, S. 148 f.
39 Andere Beispiele finden sich in Friedrich Rittelmeyer: Meine Lebensbegegnung mit Rudolf Steiner. Stuttgart 1963.
40 Heinz Müller, Spuren auf dem Weg, Stuttgart 1970, S. 32.
41 Andrej Belyj, Verwandeln des Lebens, a. a. O., S. 154.
42 Rudolf Steiner, Wiederverkörperung und Karma, GA 135, 1989, Vortrag vom 5. März 1912 in Berlin.
43 Ders., Geschichtliche Symptomatologie, GA 185, 1982, Vortrag vom 2. November 1918 in Dornach.
44 Ders., Vom Leben des Menschen und der Erde. Über das Wesen des Christentums, GA 349, 1980. Vortrag vom 17. März 1923 in Dornach.
45 Ders., Das esoterische Christentum und die geistige Führung der Menschheit, GA 130, 1987, Vortrag vom 17. Juni 1912 in Hamburg.
46 Ders., Briefe. Band 2, GA 39, 1987, Brief vom 2. Oktober 1902.
47 Ders., Das Matthäus-Evangelium, GA 123, 1988, Vortrag vom 2. September 1910 in Bern.
48 Ders., Mitteleuropa zwischen Ost und West, a. a. O., Vortrag vom 23. März 1915 in München.
49 Ders., Bausteine zu einer Erkenntnis des Mysteriums von Golgatha, GA 175, 1982, Vortrag vom 20. Februar 1917 in Berlin.
50 Ders., Aus der Akasha-Forschung. Das Fünfte Evangelium, a. a. O., Vortrag vom 10. Dezember 1913.
51 Ders., Das Johannes-Evangelium, a. a. O., Vortrag vom 31. Mai 1908 in Hamburg.
52 Ders., Aus der Akasha-Forschung. Das Fünfte Evangelium, a. a. O., Vortrag vom 2. Oktober 1913 in Kristiania.
53 Ders., Die Weltgeschichte in anthroposophischer Beleuchtung und als Grundlage der Erkenntnis des Menschengeistes, GA 233, 1980, Vortrag vom 30. Dezember 1923 in Dornach.
54 Ders., Makrokosmos und Mikrokosmos, GA 119, 1988, Vortrag vom 21. März 1910 in Wien.
55 Ders., Ebenda. Vortrag vom 29. März 1910 in Wien.
56 Ders., Anthroposophische Leitsätze, GA 26, 1989. Im Anbruch des Michaelzeitalters.
57 Zur Zeit der Herstellung dieser Schrift ist im Verlag am Goetheanum Valentin Wembers «Vom Willen zur Freiheit» erschienen: ein Versuch Rudolf Steiners Anregung nachzukommen, seine «Philosophie der Freiheit» für Jugendliche umzuarbeiten!
58 Ders., Geisteswissenschaft als Erkenntnis der Grundimpulse sozialer Gestaltung, GA 199, 1985, Vortrag vom 20. August 1920 in Dornach.

59 Ders., Welche Bedeutung hat die okkulte Entwickelung des Menschen für seine Hüllen – physischer Leib, Ätherleib, Astralleib – und sein Selbst, a. a. O., Vortrag vom 28. März 1913.
60 Ders., Erfahrungen des Übersinnlichen. Die Wege der Seele zu Christus, a. a. O., Vortrag vom 8. Mai 1912 in Köln.
61 Ders., Die geistige Vereinigung der Menschheit durch den Christus-Impuls, GA 165, 1981, Vortrag vom 9. Januar 1916 in Bern.
62 Ders., Wahrspruchworte, a. a. O.

GA = Rudolf Steiner Gesamtausgabe, Dornach.

ROSA MAYREDER
Mein Pantheon
Lebenserinnerungen

Nach Rosa Mayreders
handschriftlichem Konzept

Mit einem Vorwort von
Susanne Kerkovius

1988, 208 Seiten mit 16 Abbildungen,
kartoniert, Fr. 24.– / DM 28,–

ISBN 3-7235-0453-1

(Rudolf Geering-Verlag)

Diese bisher unveröffentlichten Erinnerungen Rosa Mayreders – von ihr selbst als zweiter Teil ihrer Jugenderinnerungen geplant – vermitteln einen wesentlichen Eindruck in den Lebenslauf einer ungewöhnlichen Frau. Sie schildern nicht den äußeren Ablauf der Tage, sondern zeigen die innere Entwicklung einer Persönlichkeit, die das sagte, «was die Natur zu sagen ihr auferlegt hatte». Ihre geistige und seelische Vielseitigkeit wird sichtbar, und zugleich gewähren diese Aufzeichnungen Einblicke in die Geistesgeschichte vom Ende des 19. Jahrhunderts.

Zeitgenossen Rudolf Steiners

im Berlin
der Jahrhundertwende

Mit einem Vorwort herausgegeben
von Angelika Oldenburg

1988, 180 Seiten mit 12 Abbildungen,
kartoniert, Fr. 18.– / DM 21,–

ISBN 3-7235-0459-0

Mit Beiträgen von Karl Boegner, Peter Halborn, Ruth Jacobs, Manfred Kannenberg-Rentschler, Henning Köhler, Walter Kugler, Christoph Lindenberg, Angelika Oldenburg und Renate Riemeck.

Über Rudolf Steiner / Otto Erich Hartleben / Ludwig Jacobowski / Else Lasker-Schüler / Peter Hille / Wilhelm Bölsche / Bruno Wille / Paul Scheerbart / Rosa Luxemburg / John Henry Mackay / Erich Mühsam.

VERLAG AM GOETHEANUM — CH 4143 Dornach